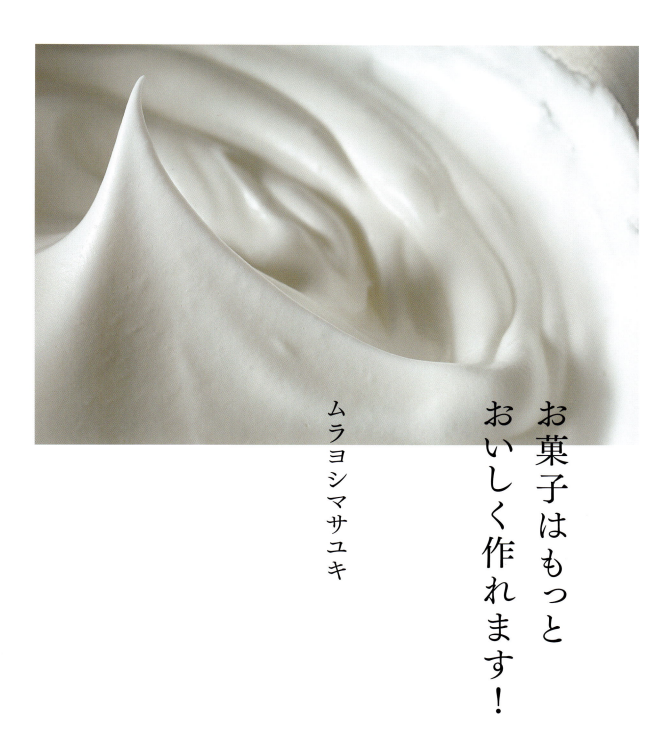

お菓子はもっと
おいしく作れます！

ムラヨシマサユキ

はじめに

僕はお菓子のレシピを考えるとき、イメージすることがあります。
それは「お菓子作りの経験がどのくらいあるのか……、
どんな読者が受け取ってくれるのか」ということです。

イメージをふくらませたうえで、
個人的には、「材料をひとつ足したり、作り方をひとつ増やしたりすること」で、
そのお菓子がさらにおいしくなることが分かっていても、
あえてそのまま提案することが多いです。
それは、"材料をわざわざ買いに行かなければいけない"ことや
"作り方が長すぎて、分かりづらくなってしまう"ことを想像するから……。
レシピだけを見て「完璧だ！」と思っても、
結果、読者の方に作ってもらえなかったり、役に立たなかったりするのなら、
それは料理研究家が提案するレシピとして、意味のないことに思えるのです。

例えば「卵を混ぜる」工程なら、卵を「そのまま混ぜる」のか
「泡立ててから混ぜる」のかで悩んだときは、
工程の少ない「そのまま混ぜる」作り方を選び、
より簡単においしく作れるレシピを紹介してきました。
ただ同時に、作り方の違いで仕上がりや味がどう変わるのか、
理由を詳しく説明することで、
お菓子作りにもっと興味を持ってくれるのでは？という思いも
どんどん大きくなってきました。
そこで今までの「作りやすいレシピを届ける」という考えを
一度だけお休みにさせてもらい、
個人的に僕が自分のため、大切な人のために作るとき、
「一番おいしい！」と偏愛しているレシピを
みなさんに見てもらう機会を作ろうと決意しました。

今まで心に留めていた
「お菓子はもっとおいしく作れるよ！」という
気持ちを解放することで、
お伝えしたいことが出てくる、出てくる……。

この本は、作り方はできる限りプロセス写真で紹介し、
ひとつひとつの工程に理由やコツがあるものはQ&A形式で
しつこく、しつこく説明するという、
ものすご〜く"口うるさい"内容になっています。
さらに、もっと理解を深めて欲しい、失敗せずに作って欲しいという考えから、
僕が実際に作っているところを撮影した「動画」も付けました！

「本当においしいお菓子」は、まぐれでは作れないのです。
そして、自分で作らない限り、上達もしません。
だからこそ、この本では僕の知識と経験を思いっきり詰め込み、
今、最もおいしいと思える生地を、厳選して9種紹介しています。
みなさん、ぜひ覚悟してついてきてください。

あなたのお菓子は、
もっとも〜っと、おいしく作れます！

ムラヨシマサユキ

目次

はじめに ─────────────────────────── 2

クッキー生地

バタークッキー（フラゼ） ───────────────── 8
「バタークッキー（フラゼ）」をアレンジ ─────── 14
 アイシングをプラス／ナッツをプラス／ココアをプラス／砂糖をプラス
バタークッキー（サブラージュ） ──────────── 16
「バタークッキー（サブラージュ）」をアレンジ ── 22
 成形を変える／粉砂糖をプラス／ナッツをプラス／
 きな粉と黒すりごまをプラス／ドライフルーツと粉砂糖をプラス

パウンド生地

パウンドケーキ（シュガーバッター） ──────── 26
「パウンドケーキ（シュガーバッター）」をアレンジ ── 32
 コーヒーや抹茶をプラス／ドライフルーツをプラス
パウンドケーキ（共立て） ──────────────── 34
「パウンドケーキ（共立て）」をアレンジ ─────── 40
 ジャムとアイシングをプラス／ココアとアイシングをプラス

スポンジ生地

スポンジケーキ（共立て） ──────────────── 44
「スポンジケーキ」でショートケーキを作る ───── 50
「ショートケーキ」をアレンジ ───────────── 52
 クリームにコーヒーをプラス／生地にココアをプラス

この本の約束ごと

※小さじ1は5㎖、大さじ1は15㎖ です。
※本書では電気オーブンを使用。オーブンはあらかじめ設定温度に温めておきましょう。また、オーブンは機種によって焼き加減に差があるので、お持ちのオーブンのクセをつかむことも大事です。
※電子レンジは機種によって加熱具合に差があるので、様子を見ながら加減してください。

シフォン生地

シフォンケーキ（ふわふわタイプ) 56
「もっちりシフォンケーキ」にアレンジ 64
「シフォンケーキ」をアレンジ 66
　オレンジ＆ローズマリーをプラス／バナナをプラス／コーヒーとラムレーズンをプラス

チョコレート生地

ガトーショコラ（別立て) 70
テリーヌオショコラ 76
「ガトーショコラ」をアレンジ 81
　甘栗をプラス／ブルーベリーをプラス

スコーン生地

ケーキスコーン 84
「スコーン」をアレンジ 90
　パンスコーン／コーンミールをプラス／チョコレートとカレンツをプラス

材料を知る 92
道具を知る 94

動画レッスンについて

基本となる9種の生地のレシピは全て動画レッスン付きです。スマートフォンやタブレットでQRコードを読み込んでいただくと、WEB上限定の動画レッスンが視聴できます。細かな動きや生地の状態、ポイントもわかりやすく解説しているので、料理教室感覚でお楽しみいただけます。

※動画視聴にかかる通信費はお客様のご負担となります。また、スマートフォン、タブレットの機種により閲覧できない場合もあります。なお、動画の提供は予告なく終了することがあります。あらかじめご了承ください。

クッキー生地

バターと小麦粉の香りが感じられ、
後味も軽やか。極上クッキーは
つい手がのびてしまう

「どんなクッキーが好き？」と聞かれたら、「サクサク、カリカリと歯ざわりが良いクッキー」と、「口に入れた瞬間、噛まずともほろほろっと崩れるクッキー」と答えます。この2つの食感は真逆ですが、バターのやさしい香りとうま味をとじ込めて作ることで、ついつい次のもうひとつに手がのびてしまうような、おいしさを感じられます。

バタークッキーは後味が重いものと思われがちですが、それは失敗したクッキーに限ります。いつまでもバターの油臭さが口に残るようなクッキーは失敗作なのです。

また、クッキーは、食べたあとの余韻の軽さがとても大切で、それには「どうやってバターを溶かさず、生地に混ぜ込むか？」を一番に考えなければいけません。「焼くときに溶けちゃうから、バターの状態なんて……」と思ったら、それは大間違い。クッキーは少ない材料で作るシンプルなお菓子だからこそ、材料が混ざり合うときの順番や状態で、焼き上がりの形や口当たりに、目を見張るほどの差が出ます。口に入れた瞬間にバターと小麦粉の香りが広がり、食べ終えるとスーッと余韻が軽やかに消えるようなおいしいクッキーになるか、または平凡なクッキーになるのかは、あなたにかかっています。

バタークッキー

（フラゼ）

サクサク食感の決め手は、しっかりとすり混ぜ、生地にバターをとじ込めること

　クッキー生地では、バターの量は粉量に対して3〜4割で配合するのが普通ですが、バター好きな僕が思う一番おいしい配合は、粉量に対して5割のバターを合わせたもの。「そんなにバターを入れるの？」と、思うかもしれませんが、濃密なうま味とサクサク、カリカリッとした食感を一度味わってしまうと、ほかのクッキーでは物足りなくなってしまうほどです。

　ただ、バターの量が多いということは、生地自体がとてもゆるく、すぐにダレてしまうという作りづらさも持ち合わせていて、失敗するとまったくサクサクとした食感には焼けません。バターをしっかり混ぜられずに生地が広がってしまったり、油がにじみ出たりしないよう、バターとほかの材料をなめらかになるまですり混ぜ、生地として密につなげることが必要です。そのために、砂糖はグラニュー糖よりもさらに粒子が細かい粉砂糖を使い、余計な空気を入れないようにしてゴムべらですり混ぜるほか、指でさわってもくっつかなくなるまで、生地をボウルの側面に押しつけるようにして混ぜましょう。こうすることで、バターを生地内にギュッととじ込めたまま焼くことができ、経験したことのないサクサク食感や、バターがやさしく香る味わいに出合うことができます。

（フラゼ＝粘りを出さず、均一に混ぜる製法）

バタークッキー （フラゼ）

焼き時間　150度／20〜25分

材料 （ 3×3cm大のもの約30枚分 ）

バター（食塩不使用）—— 60g
粉砂糖 —— 45g
塩 —— ひとつまみ
溶き卵 —— 20g
薄力粉 —— 100g

下準備

◎ バター、溶き卵は室温にもどす。
◎ 薄力粉はふるう。
◎ オーブン用シートを、天板の大きさに合わせて2枚切る。

1. バターを練り、粉砂糖と塩を加えて混ぜる

ボウルにバターを入れ、ゴムべらでやわらかくなるまで練る。粉砂糖、塩を加え、ボウルの側面に押しつけるようにしてすり混ぜる。

? 室温にもどすとき、バターはレンジで加熱してもいい？

弱モードで様子を見ながら加熱を

クッキーの要である"食感"は、バターの状態で左右されます。室温に置き、ゆっくりやわらかくしてもいいですが、バターの表面が酸化して香りが変化してしまうことも。オススメは電子レンジの「弱（300W）」で10秒ずつ様子を見ながら、短時間でやわらかくする方法。ただし、思いがけずやわらかくなりすぎてしまうこともあるので、徐々に加熱し、指がスッと入るくらいのやわらかさにしましょう。電子レンジは中心から熱が入るので、10秒かけたらゴムべらで中心を押して様子を確認してください。

? 粉砂糖以外でも作れる？

ほかの砂糖でもOK

粉砂糖を使うと、口の中でスーッと溶けるような仕上がりになりますが、ほかの砂糖でも同量で作れます。グラニュー糖や上白糖など粒が大きいものを使う場合は、しっかりと練り混ぜることが大事。さっと混ぜただけだと、砂糖のジャリジャリ感が残ってしまいます。ただ、砂糖の粒を生かしたガリッとした食感が好きな方もいますので、慣れてきたら材料や混ぜ方に変化を出しても。この工程では、泡立てる必要はないので、練るように混ぜましょう。

「バタークッキー（フラゼ）」の動画レッスンはこちら ▶ https://youtu.be/wao43QqQGVs

2. 溶き卵を加え、混ぜる

溶き卵を2〜3回に分けて加え、そのつどよく混ぜ合わせる。

3. 薄力粉を加え、すり合わせて混ぜる

薄力粉を加え、ボウルの側面に押しつけるようにして粉けがなくなるまですり混ぜる。さらに右端の写真のように、生地の端がボウルの側面から少しはがれてくるくらいまですり混ぜる。

? 卵を2〜3回に分けて加えるのはなぜ？

一度に加えると混ぜにくくなり、失敗の原因に

"固さ"や"質"の違うものを混ぜるときは、一度にすべてを混ぜるのではなく、少しずつなじませるようにして混ぜましょう。一度で混ぜるよりも少量ずつ混ぜたほうが早く混ざり合い、余計な手間をかけずに良い状態になります。また、混ぜる際に卵が冷たいままだったり、気温が低かったりすると、分離してしまうことも。そのときは、分量の薄力粉のうち大さじ1〜2を先に加えることで、分離を止められます。

? 混ぜ終わりのタイミングは？

生地の端がボウルからはがれてくるまで混ぜる

サクサクとした食感に仕上げるため、生地の端がボウルからペロッとはがれ、指でさわってもくっつかなくなるまでしっかりと混ぜてください。ボウルの側面に押しつけるようにしてすり合わせることで、粗い気泡も潰れて生地のキメがそろいます。

4. 生地を休ませる

▶▶▶

ラップを2枚重ねて広げ、生地をのせて包む。約1cm厚さに整え、冷蔵室に入れて1時間休ませる。

5. 生地をのばし、再度休ませる

▶

生地をまな板などの台に取り出し、めん棒で全体をたたいてのばす。用意したオーブン用シートではさみ、5mm厚さに均一にのばす。オーブン用シートではさんだまま再度冷蔵室に入れ、30分休ませる。

? 生地を休ませる理由は?

余計な固さやコシを落ち着かせるため

作り方3でキメを整える際、同時に薄力粉もしっかり混ぜたため、生地に余計な固さやコシが出ています。冷蔵室で休ませてコシを落ち着かせ、食感が悪くなるのを防ぎましょう。また、生地を冷凍保存する場合も、冷蔵室で休ませてから冷凍室へ。休ませずに冷凍してしまうと、固さやコシが出たままの状態で凍ってしまうため、自然解凍後に再度休ませる時間が必要になります。

? 生地を均一にのばす方法は?

めん棒でたたいてから、のばす

冷やした生地は固くなっているため、まずはめん棒で全体をたたいてからのばすと効率的です。さらに、生地の厚さを均一にのばすため、まずはめん棒の下に指を入れ、「指の太さを基準」にして厚みをそろえておきましょう。のばすときは、めん棒の端を持つと力が均等にかからないので、中央に手を置いて転がしてください。

失敗してしまうと……

[失敗例①] 生地が広がり、表面がヒビ割れた

原因 ・バターが溶けた

バターが溶けて液状になってから粉類と混ざると、生地がダレて広がり、表面にも油が浮いてきます。下準備でバターを室温にもどす際は、溶かさないように注意を。

（成功）　　（失敗）

6. 生地を切り、焼く前に休ませる

生地をまな板などの台に取り出し、四辺の端を少しずつ切り落として四角く形を整え、約30等分に切る。オーブン用シートを敷いた天板に並べ、天板ごと冷蔵室に入れて15分休ませる。

7. 150度で20〜25分焼く

6を150度に予熱したオーブンに入れ、20〜25分焼く。裏返して焼き色がついていれば取り出し、天板にのせたままケーキクーラーに置いて冷ます。

? 生地を均等に切るコツは?

切る位置に、竹串で印をつける

生地のサイズを定規で測り、クッキー1枚のサイズが3×3cmになるよう、竹串で印をつけましょう。あとは印を目安に切っていくだけで、大きさをそろえることができます。また、生地の端は切り落とさなくてもいいですが、切ることで焼きムラを防ぎ、見栄えよく仕上がります。切り落とした部分はやさしくまとめ、同様にのばしてから切って、一緒に焼いてください。

? きれいなきつね色に焼くには?

低温でじっくり、長めに焼く

150度と低めの温度でゆっくり、じっくりと焼きましょう。さらに焼き上がったら、天板に置いたまま冷ますことも大事! 余熱を利用してクッキーの芯までしっかりと火を通すことができ、焼き色を良い状態でキープしたまま、サクサクの食感になります。

[失敗例②] 生地が引きつり、反り返る

原因 ・生地を休ませなかった

生地を冷蔵室でしっかり休ませないと、生地に固さやコシが出たままの状態になります。そのまま焼いてしまうと、生地の中心部は火が入りにくく生焼けの状態が続き、外側ばかりが焼けて生地の引きつりやゆがみにつながってしまいます。薄力粉を混ぜたら、必ず生地を休ませてから次の工程へ進みましょう。

(成功)　(失敗)

ARRANGE

「バタークッキー(フラゼ)」をアレンジ

食材を足すことで、新たな魅力を引き出しましょう。
サクサクとした食感を生かしながら、おいしさの幅が広がります。

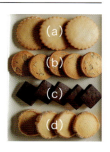

アイシングをプラス (a)

かわいい見た目に
心をギュッとつかまれる

バタークッキーの作り方 **6** (P13) で生地を冷蔵室から取り出して好みの型で抜き、あとは同様に作る。粗熱がとれたら、粉砂糖75g、レモン汁15gを混ぜ合わせてアイシングを作り、刷毛でぬる。ケーキクーラーに並べ、指でさわってもくっつかなくなるまで乾かす。

ナッツをプラス (b)

香ばしさや風味が倍増
一度食べたらヤミツキに

バタークッキーの作り方 **3** (P11) で生地を混ぜたら、くるみ(ローストタイプ)50gを1cmくらいに刻んで加え、ゴムべらでボウルの側面に押しつけるようにして混ぜる。棒状にのばして直径約3cmの筒状に成形したら、2枚に重ねたラップで包んで冷蔵室に入れ、1時間休ませる。生地を取り出して端から8mm幅に切り、あとは同様に作る。

▶ 分量が同じであれば、ほかのナッツでも同様に作れる
▶ 焼き時間を5分ほど長くし、より香ばしく仕上げても

ココアをプラス (c)

ビターなコクが後を引く、
大人も楽しめる味わい

バタークッキーの材料内 (P10)、薄力粉の分量を80gに変更。ココアパウダー15gを足し、薄力粉と合わせてふるう。あとは、同様に作る。

▶ ココアパウダーは、同量の抹茶やきな粉に変更可能

砂糖をプラス (d)

ガリッとした
砂糖の粒感がアクセント

バタークッキーの作り方 **4** (P12) で生地を棒状にのばし、直径約3cmの筒状に成形する。2枚に重ねたラップで包み、冷蔵室に入れて1時間休ませる。生地を取り出して表面に水適量を刷毛で薄くぬり、グラニュー糖適量を転がしながらまぶしつける。端から8mm幅に切り、あとは同様に作る。

バタークッキー

(サブラージュ)

バターは溶かさず、
粉と合わせてサラサラの状態に！
ひと口で虜になる食感を生み出す

　お菓子を作る際、"粉"は形や食感を左右する"柱"として、重要な役割を担っています。しかし、バタークッキーをほろほろっと崩れていくような食感に仕上げるためには、柱としての機能を最小限(＝形を保てるくらい)に抑えることが重要。そのために粉とバターを先にすり混ぜてコーティングし、粉同士がくっつきづらい状態にすることで、クッキーとしての形をキープしながら、口に入れた瞬間に崩れてしまうようなもろさを兼ね備えることができます。

　最も大事な工程である粉とバターをすり混ぜるとき、バターは絶対に溶かさないように注意を！　バターが溶けた状態で粉に混ざってしまうと、焼いているときに生地がダレてしまったり、酸化したような油臭さが出てしまったり……食感がよくても味や香りが最悪なものに焼き上がります。バターは、最大の敵である"手の体温"で溶けてしまうので、事前に材料をよーく冷やし、テンポよく作業を進めましょう。……これはあくまでも僕のやり方ですが、自分の手にも「熱くならないで！」と念じながら作業をしています。時に強い思いは、お菓子作りには有効だと信じているのです。

(サブラージュ＝粉と油脂を手ですり混ぜ、粒子状にする製法)

バタークッキー（サブラージュ）

焼き時間　**170度** ／ 13〜15分

材料（2cm大のもの約20個分）

- バター（食塩不使用）── 70g
- A｜薄力粉 ── 110g
- 　｜アーモンドパウダー ── 60g
- グラニュー糖 ── 40g
- 塩 ── ひとつまみ
- 卵黄 ── 1個分

下準備

◎ バターは冷たいまま2cm角に切り、冷蔵室に入れて冷やす。
◎ Aを合わせてふるい、冷蔵室に入れて冷やす。

1. 粉類とバターをすり合わせる

ボウルにA、バターを入れ、バターに粉類をまぶす。指の腹でバターを潰しながら粉類とすり合わせ、バターの粒が小さくなってきたら、両手で手早くすり合わせてサラサラの状態にする。

❓ 材料を冷やしておくのはなぜ？

クッキーを食感よく仕上げるため

ほろほろと崩れ落ちるような食感にするためには、バターを溶かさずに粉と混ぜ合わせることが大事。作業中にバターが溶けるのをできる限り防ぐため、直前まで粉類とバターは冷やしておきましょう。また、アーモンドパウダーは粒子が大きいので、ふるうときは粗めのざるを活用すると良いです。

❓ バターを溶かさずに作業するポイントは？

まずはバターに粉類をまぶし、コーティングを

手の体温でバターが溶けてしまうため、直接バターにさわるのは厳禁！　まずはバターに粉をまぶして平たく潰し、あとは素早くかつ丁寧に、サラサラの状態になるまでバターに粉類をすり込んでください。バターが冷たいうちに、この作業をスムーズに行えるかどうかで、でき上がりの食感や風味に違いが出ます。

「バタークッキー（サブラージュ）」の動画レッスンはこちら ▶ https://youtu.be/1dyKjEKSfh4

2. グラニュー糖、塩、卵黄を加え、混ぜる

グラニュー糖、塩を入れ、ゴムべらでさっと混ぜる。卵黄を加えて手早く混ぜ、ボウルの側面に押しつけるようにして卵黄のかたまりがなくなるまですり混ぜる。

3. カードで混ぜ、生地をまとめる

2をさらにカードでボウルの側面にギュッと押しつけるようにして、生地の色味が均一になるまですり混ぜる。

❓ 卵黄の水分だけでまとまる？

すり合わせるように混ぜればまとまる

このバタークッキーは、粉類の量に対して水分量が"卵黄だけ"と少なめです。卵黄がまだらに混ざりやすいので、手早くすり合わせて全体をまんべんなく混ぜてください。ただし、こねるように混ぜてしまうと、生地にコシが出て食感が悪くなるので注意。

❓ ゴムべらからカードに持ち替えたのはなぜ？

手早く混ぜることができるから

ゴムべらよりもカードのほうが、力を入れて広範囲を混ぜることができ、生地が早くまとまります。すり混ぜるときは、生地を押し固めて空気を抜くようなイメージで行いましょう。

4. 生地を分割し、丸める

3を15gずつに分け、ひとつずつ丸める。

5. 生地を休ませる

▶▶▶

4をバットに並べてラップをかけ、冷蔵室に入れて1時間休ませる。

? 丸め方にコツはある？

バターが溶けないうちに丸める

NG

両手でやさしく包むようにして、手早く丸めましょう。長くさわっていると体温でバターが溶け、写真のように手がテカテカになるので注意。

? 焼く前にも生地を冷やすのはなぜ？

生地がダレるのを防ぐため

成形時にやわらかくなってしまった生地は、焼く前にしっかりと冷やしましょう。冷たい状態からオーブンで一気に焼くことで、生地がダレて広がる前に外側から焼き固められ、きれいな丸型に焼き上がります。

? ひとつずつ計量するのはなぜ？

火の通り具合に差が出てしまうため

高さが1cmくらいあるクッキーは、ひとつひとつの重さにムラがあると火の通り方に差が出てしまい、大きいものは中心まで火が入らずに生焼けの状態になってしまうこともあります。1個あたりの重さが3〜5gくらい差が出てしまうと、クッキーの高さも変わってきてしまうので、丸めて成形するときは必ず計量をしましょう。

? クッキー生地は冷凍保存できる？

冷凍保存は可能。ただし冷蔵室で自然解凍を

バットにクッキー生地を並べた状態で、そのまま冷凍室に入れてください。生地が凍ったら、冷凍用の保存袋か保存容器に移してOK。凍る前にバットから移すと、生地同士がくっつき、その部分が平らに変形してしまいます。また、解凍するときは、必ず冷蔵室で自然解凍を。生地が冷えていないと、焼いたときにダレて失敗の原因に。

6. 170度で13〜15分焼く

オーブン用シートを敷いた天板に、**5**を間隔をあけて並べる。170度に予熱したオーブンで13〜15分焼き、天板にのせたままケーキクーラーに置いて冷ます。

? 焼き上がりの目安は？

表面と裏面の状態を確認

表面に少しヒビが入り、裏面にこんがりと焼き色がついた状態で、オーブンから取り出します。焼くと半円状に広がるので、天板には間隔をあけて並べましょう。また、生地は卵黄1個分の水分しか入っておらず、さらに油分が多いため、低温で焼いてしまうと生地が広がってしまいます。高温で一気に短時間で焼き、生地がダレるのを防いでください。

? 天板にのせたまま冷ますのはなぜ？

余熱でクッキーの中心まで火を通すため

クッキーをオーブンで最後まで焼ききると、香ばしさが前面に出て、バターの風味が薄れてしまいます。最低限の時間で焼いて風味を残し、あとは天板の余熱で芯まで火を通すと、風味も食感も損なわれません。

失敗してしまうと……

生地が広がる

原因 ・バターが溶けた

（成功）　（失敗）

バターを直前まで冷やさなかった、バターが粉類と混ざるときや生地を丸めるときに溶けてしまった、生地を冷蔵室で休ませなかった……など、上記の理由がひとつでも当てはまると、生地がダレて広がってしまいます。作るときにバターを溶かさないように注意することと、生地を冷蔵室でしっかり休ませて冷やすことを徹底してください。

ARRANGE

「バタークッキー（サブラージュ）」をアレンジ

口の中でほろほろと崩れるような食感はキープしつつ、
素材のうま味や香りで味に変化を。リピート間違いない、至福の一品に。

成形を変える（a）

形を変えるだけで、
印象もガラリと変化する

バタークッキーの作り方**4**（P20）で生地を分割せず、ラップを2枚重ねて包み、約1cm厚さに整える。冷蔵室に入れて1時間休ませる。生地を取り出して2×5cmの棒状に切り、オーブン用シートを敷いた天板に間隔をあけて並べる。それぞれに竹串で3か所ずつ穴をあけ、あとは同様に作る。

粉砂糖をプラス（b）

粉砂糖がスーッと溶ける、
スノーボールクッキーに

バタークッキーの作り方**6**（P21）で粗熱がとれたら、粉砂糖適量をまぶす。オーブン用シートを広げてクッキーを並べ、完全に冷ます。

▶ バタークッキーが完全に冷める前に粉砂糖をまぶすと、表面により多くつけられる。粉砂糖はバットに広げるとまぶしやすい

▶ 甘さを控えめにしたい場合は、バタークッキーを完全に冷ましてから、粉砂糖適量をふる

ナッツをプラス（c）

ホールタイプをのせ、
食感をアクセントに

バタークッキーの作り方**4**（P20）で生地を丸めたあと、アーモンド（ローストタイプ）約20個を1個ずつ表面に押しつけて埋め込む。あとは、同様に作る。

▶ 分量が同じであれば、ほかのナッツでも同様に作れる
▶ 焼き時間を2〜3分長くし、より香ばしく仕上げても

きな粉と黒すりごまをプラス（d）

身近な和素材で、
コクとうま味をアップする

バタークッキーの材料内（P18）、薄力粉の分量を95gに変更。きな粉10gを足し、薄力粉、アーモンドパウダーと合わせてふるう。さらに作り方**1**で粉類を加えるときに黒すりごま5gも一緒に加え、あとは同様に作る。

▶ きな粉は、同量のココアパウダーや抹茶に変更可能

ドライフルーツと粉砂糖をプラス（e）

ベリーの甘酸っぱさと
粉砂糖の甘みでリッチな味に

バタークッキーの作り方**4**（P20）で生地を丸めるときに、ドライクランベリー約20個を1個ずつ中に入れて丸める。あとは同様に作り、作り方**6**（P21）でクッキーが冷めたら、粉砂糖適量をふる。

パウンド生地

ざっくり作れるお菓子じゃない。
妥協せず、丁寧に作るからこそ、
感動的なおいしさに

　パウンドケーキは誰でも手軽に作れて、失敗しないお菓子と思っている人が多いと思いますが、実は作り手の気持ちがそのまま反映されてしまう、恐ろしいお菓子です。計量をおざなりにしたり、雑にざっくり混ぜたりしていると、何度作っていたとしても、いつまでもおいしいパウンドケーキにはたどり着きません。また、完成したパウンドケーキがおいしいか、平凡かは、焼き面の表情やカットしたときの断面を見れば一目瞭然。イマイチなものほど、表面がブツブツとしてなめらかじゃなかったり、生地の詰まり具合が不揃いだったりします。食べてみても、口溶けが悪かったり、何かひとつの材料の味だけが強く口の中に残ったり……と、残念な仕上がりに。レシピ通りに計量をすること、生地がひとつにつながるまでしっかりと混ぜることなど、ひとつひとつの工程を丁寧に積み上げていくことで、はっと驚くようなおいしさに焼き上がるのです。

　この本では、バターと砂糖を最初にしっかりと泡立てて作る、しっとりとした生地感を楽しめる「シュガーバター」のパウンドケーキと、泡立てた卵によって、空気を食べているようなふんわり溶ける食感が味わえる「共立て」のパウンドケーキを紹介。ひと口で分かる、それぞれの違いやおいしさをぜひ堪能してください。

パウンドケーキ

(シュガーバッター)

バターに最大量の空気を含ませて
生地をしっかりとつなぎ、
ふわっと軽い口当たりに

　バターの多い生地は、ギュッと詰まった状態で焼けてしまいがちですが、このレシピでは、やわらかくしたバターの"空気をたくさん含むことができる特性"を利用し、口当たりが軽くなるように仕上げています。
　実は材料の配合は目新しいものではなく、カトルカールというフランス菓子の生地をアレンジしたもの。カトルカール(quatre-quarts)とは"1/4×4"という意味で、バター、砂糖、卵、粉を同量ずつ混ぜたお菓子のことを指します。さまざまな時代を経て、多くの作り手たちが「自分ならば！」と工夫し、いろいろな味わいのパウンドケーキを作ってきました。その中で僕は、"食べごたえ"と"口の中でほどけるような食感"を両立できるような生地を追求。その結果、砂糖の量をほんの少し減らして、甘さを控えめに仕上げるほか、バターをしっかりと泡立てて口当たりを軽くし、後味をすっきり仕上げるレシピへとまとめました。作るときのポイントは、バターが分離しないようにすること。分離したバターと粉類が合わさると、生地に固さが出て焼き面が分厚くなり、一気においしくなくなってしまうので、注意してください。

（シュガーバッター＝やわらかいバターに砂糖、卵を加え、空気を含ませるように混ぜて生地に仕上げる製法）

パウンドケーキ（シュガーバッター）

焼き時間 170度／計40〜45分

材料（18×9×高さ6cmのパウンド型1個分）

- バター（食塩不使用）……100g
- A
  - 粉砂糖……70g
  - きび砂糖……20g
  - 塩……ひとつまみ
- 卵……2個
- B
  - 薄力粉……100g
  - スキムミルク（あれば）……10g
  - ベーキングパウダー……1g（小さじ1/4）

下準備

◎ 型にオーブン用シートを敷く。
◎ A、Bはそれぞれ合わせてふるう。
◎ バターは室温にもどす。
◎ 卵はよく溶きほぐし、室温にもどす。

1. バターと砂糖を混ぜる

ボウルにバター、Aを入れ、ゴムべらでボウルの側面に押しつけるようにしてすり混ぜる。

2. 白っぽくなるまで混ぜる

1をハンドミキサー（高速）で大きな円を描くようにして、ふんわり白っぽくなるまで、1〜2分混ぜる。

? 砂糖はふるったほうがいいの？

粉砂糖は使う直前にふるうと◎

粒子が細かく、湿度に弱い粉砂糖は、ダマになりやすいので必ず使う直前にふるいましょう。そのままにすると、ダマが水分を吸ってさらに固くなり、生地内に粒状に残ってしまいます。

? バターはレンジで加熱してもいい？

弱モードで様子を見ながら加熱を

バターの状態が、パウンドケーキの"食感"を左右します。室温に置いてゆっくりやわらかくしてもいいですが、バターが酸化して香りに変化が出ることも。オススメは電子レンジの「弱（300W）」で、10秒ずつ様子を見ながらやわらかくする方法。徐々に加熱し、指がスッと入るくらいにしましょう。

? 白っぽくなるまで混ぜるのはなぜ？

空気を含ませるため

ベーキングパウダーは生地をふくらませるのと同時に乾燥させる作用もあるので、パウンドケーキでは使用量を最小限にとどめています。よって、生地を均一にふくらませ、ふわふわの食感に仕上げるためには、バターと砂糖をしっかりと混ぜ、空気をたくさん含ませることが必要です。

「パウンドケーキ（シュガーバッター）の動画レッスンはこちら ▶ https://youtu.be/EogPNaOEZ4U

3. 溶き卵を加え、混ぜる

2に溶き卵を3〜4回に分けて加え、そのつどハンドミキサー（高速）で、大きな円を描くようによく混ぜる。

4. 粉類を加え、混ぜる

3にBを加え、ゴムべらで底から上下を返すようにして粉けがなくなるまで混ぜ、さらに生地にツヤが出るまで20〜30回混ぜる。

❓ 溶き卵は一気に加えてもいい？

生地が分離するので、3〜4回に分けて加える

バターと砂糖を混ぜたところに、分量の溶き卵100gを一度に加えてしまうと、すべての水分を受け入れることができず、油分と水分が分離してしまいます。分離すると、粉類を加えたときに水分と粉類が直接混ざり合ってしまい、生地にコシが出て固くなってしまう要因に。分離してしまった時点で分量の粉類から大さじ1〜2を先に加えて混ぜることで、分離が止まって生地の状態が安定します。

❓ ツヤが出るまで混ぜるのはなぜ？

食感がよくなる

パウンドケーキはしっとりとしていて、かつふんわりとした生地に焼き上げたいので、材料同士をよく混ぜてしっかりとつなぐことが重要。そのため、粉けがなくなったあとも生地にツヤが出るまで混ぜ続けることで、口溶けのいい、おいしい食感に仕上がります。

5. 生地を型に入れる

4をカードで型に入れ、台に2〜3回落とす。ゴムべらで中央を低くヘコませ、両端が高くなるように生地をならす。

6. 170度で計40〜45分焼く

5を170度に予熱したオーブンで10分焼き、一度取り出して米油（またはサラダ油）適量（分量外）をつけたカードで中心に5mm〜1cm深さの切り込みを入れる。オーブンに戻し入れて30〜35分焼き、竹串を刺して何もついてこなければ取り出す。型からはずし、ケーキクーラーに置いて冷ます。

? 生地をヘコませるようにして表面をならすのはなぜ？

ゆるやかな山なりに焼き上げるため

生地は加熱すると中心に向かって対流するため、水平のまま焼くと、中心だけが高く盛り上がって両端がかなり低い状態に……。中心を低く、両端を高くならすことで、ゆるやかなカーブを描く美しいパウンドケーキになります。また、ヘコませた部分の側面には、生地が少し残っているので、きれいに取り除きましょう。焼いているときに焦げ、においが生地に移ってしまいます。

? 焼き色が薄い……失敗ですか？

オーブンによって焼き色に差が出るため、失敗ではない。

家庭用のオーブンは機種によって熱源の強さに差があり、その差が焼き色の濃さにつながります。また、多くの家庭用オーブンは下からの加熱が弱いので、底面や側面に焼き色がつきづらいことも。レシピ通りに作っても焼き色が薄いと感じた場合は、まずは温度を10度上げ、予熱時には天板も入れて温めてください。安易に焼き時間を長くすると、生地がパサついてしまいます。

? 焼いている途中で切り込みを入れるのはなぜ？

きれいな割れ目を入れるため

焼くと表面が割れてしまうので、あらかじめ切り込みを入れると割れ目がきれいに入ります。ナイフを使うと切り口がギザギザになるので、カードで刺すようにすると◎。

? 型に入れたまま冷ましてもいい？

香りや食感が悪くなるのですぐに型からはずして

型に入れたまま冷ますと、ベーキングパウダーのにおいがこもってガス臭くなるほか、ケーキが蒸れて側面がヘコみ、潰れてしまうこともあるので注意。

失敗してしまうと……

ふくらまず、油臭い

原因 ・しっかり混ぜなかった

バターと砂糖の混ぜ方が不十分だと、空気を十分に含ませることができず、ふくらみません。ふくらまないと、生地が詰まって表面が固くなったり、油臭くなったりします。さらに、生地の密度がギュッと高い分、甘さをより強く感じる仕上がりに。

（成功）　（失敗）

（成功）　（失敗）

型紙の敷き方

パウンドケーキを失敗せずに焼き上げるには、型紙もきれいに敷くことが大事！オーブン用シートで、型のサイズに合った型紙を作りましょう。

1.

型の底面と側面のサイズに合わせてオーブン用シートを切る。

2.

型を中央に置き、底面や側面の角に押しつけるようにして、型の形に沿った折り目をつける。

3.
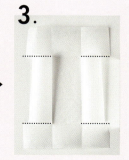

折り目に合わせてしっかりと折りたたんでから広げ、写真の点線部分（4か所）に切り込みを入れる。

4.

型紙を再度型に合わせて折り、入れる。

ARRANGE

「パウンドケーキ（シュガーバッター）」をアレンジ

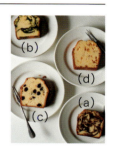

マーブル状にしたり、ドライフルーツを加えたり……。
味の違いはもちろん、切り分けたときの断面でも、いろいろな変化を楽しめます。

コーヒーや抹茶をプラス

生地をマーブル状にし、華やかな仕上がりに

● **コーヒーマーブル**（a）

湯5g、ラム酒5gを小さいボウルに入れてさっと混ぜ、インスタントコーヒー8gを加えて混ぜ合わせ、コーヒー液を作る。パウンドケーキの作り方**4**（P29）で生地にツヤが出たら、生地の1/3量（120～130g）を取り分けてコーヒー液を加え、ゴムべらで混ぜ合わせる。残りの生地2/3量が入ったボウルにコーヒー生地を加え、上下を返すようにして3回混ぜ、マーブル状にする。あとは同様に作る。

● **抹茶マーブル**（b）

抹茶8gを小さいボウルにふるい入れ、湯15gを注いで混ぜ合わせ、抹茶液を作る。あとは左記コーヒーマーブルのコーヒー液を抹茶液に変え、同様に作る。

ドライフルーツをプラス

ドライフルーツによって、味わいが大きく変わる

● **ラムレーズン**（c）

パウンドケーキの作り方**4**（P29）で粉けがなくなったら、ラムレーズン（下記参照）100gを加え、さらに生地にツヤが出るまで10～20回混ぜる。あとは同様に作る。

▶ 分量が同じであれば、7mm～1cm角に刻んだナッツやほかのドライフルーツでも同様に作れる

● **オレンジピール**（d）

オレンジピール100gは、余分なシロップや蜜を取り除き、7mm角に切る。あとは左記ラムレーズンをオレンジピールに変え、同様に作る。

ラムレーズンの作り方（作りやすい分量）	**1.** 鍋に湯を沸かし、レーズン150gを入れる。再度沸騰したら火を止め、ざるに上げて水けをきり、粗熱をとる。 **2.** 1を清潔な保存容器に入れてラム酒150gを加え、室温に2週間ほどおく（使用するときは汁けをきる）。

パウンドケーキ
（共立て）

泡立てた卵の力で、
どっしり重たい生地を、
ふわっふわにつなげる！

　パウンドケーキは、お菓子の中ではどっしりとした重たい生地なので、食べやすく、口当たりの良いものにするため、"気泡＝空気"を活用します。その活用法を大きくわけると"ベーキングパウダーでふくらませる"、"バターに空気を含ませる"、"卵を泡立て、気泡を利用する"の3つ。P26〜で紹介したシュガーバターはバターに空気を含ませる方法だったので、このパウンドケーキでは、卵を泡立て、気泡を利用する方法を用いて、ふわふわの生地に仕上げていきます。パウンドケーキの生地をふくらませるという目的は一緒でも、どんなプロセスを進むかによって、それぞれの個性が光るまったく別の味わいに仕上がるので、お菓子作りは奥が深く、多くの人を魅了するんだなといつも感じています。

　このパウンドケーキのもうひとつの特徴は、"焦がしバター"を混ぜること。バターを溶かすことで、風味をストレートにつけることができ、使用量を少し減らすことが可能に。それにより、ひと口目でバターの風味をしっかりと感じられるのに、後味はしつこく残らない……理想の味に仕上がりました。そのまま食べるのはもちろん、ジャムやアイシングでコーティングした、ウィークエンドにも最適のおいしさです。

パウンドケーキ（共立て）

焼き時間　170度／計40〜45分

材料（18×9×高さ6cmのパウンド型1個分）

- バター（食塩不使用）…… 80g
- 卵 …… 2個
- グラニュー糖 …… 80g
- 薄力粉 …… 100g

A
- プレーンヨーグルト …… 30g
- レモン汁 …… 10g
- レモンの皮（すりおろしたもの） …… 1/2個分

下準備

◎ 型にオーブン用シートを敷く。
◎ 卵は室温にもどす。
◎ 薄力粉はふるう。

1. 焦がしバターを作る

バターを小鍋に入れて弱火で熱し、泡立て器で混ぜながら溶かす。中火にして混ぜ続け、沸騰して茶色く色づき始めたら火を止める。さらに混ぜ続け、濃い茶色になったら鍋をボウルに入れた水につけ、急冷して粗熱をとる。

? 焦がしバターを失敗しないコツは？

弱火で溶かしてから、焦がし始める

バターは完全に溶かしてから火を強めて沸騰させ、焦がし始めましょう。溶け残りがある状態で沸騰させたり、焦がし始めたりすると、まだらに焦げて状態にムラが出てしまいます。また、バターは一気に急冷したいので、ボウルに水を入れて準備を。濡れ布巾にのせて急冷する場合は水けを絞らずビショビショにしてください。水けを絞った濡れ布巾だと、バターを急冷できずに火が入り続けてしまい、苦味が出たり、布巾が焦げたりします。

? バターの色はどこで確認する？

泡立っていない、中心部分をチェック

バターを沸騰させると、表面に気泡がたくさん浮いてきて色味が確認しづらくなります。泡立て器で混ぜ続けていると、気泡は遠心力で外側に寄っていくので、中心部分の色味で焦げ具合を確認しましょう。また、バターは色が変わり始めたらすぐに茶色くなってくるので、目を離さず、手早く作業を。

「パウンドケーキ（共立て）」の動画レッスンはこちら ▶ https://youtu.be/1RUUNAr-4PA

2. 卵とグラニュー糖を混ぜ、さらに温めながら混ぜる

ボウルに卵を割り入れてハンドミキサー（低速）で溶きほぐし、グラニュー糖を加えて軽く混ぜてなじませる。湯煎（70〜80度）にかけ、混ぜながら40度になるまで温める。

3. リボン状に泡立て、キメを整える

2を湯煎からはずし、ハンドミキサー（高速）で大きな円を描くようにして、リボン状（すくい上げると重なるように流れ落ちるくらい）になるまで泡立てる。さらにハンドミキサー（低速）で1分ほどゆっくり混ぜ、キメを整えてツヤを出す。

❓ 卵を泡立てるとき、湯煎にかけるのはなぜ？

砂糖を完全に溶かし、卵を泡立ちやすくするため

湯煎とは、湯をはった鍋に材料を入れたボウルをつけ、間接的に加熱すること。材料を直接火にかけないので、ゆっくり加熱することができて焦げる心配もありません。湯煎によって砂糖はダマにならずに溶け、卵は泡立てに一番適した温度になります。ただし、温めすぎると、大きな気泡が立ちやすくなるので、40度になったらはずしましょう。また、リボン状になる前に卵液が冷めてしまったら、再度湯煎で温めてください。

❓ 泡立った卵液を、さらに低速で混ぜるのはなぜ？

気泡の大きさをそろえるため

ハンドミキサー（高速）で一気に泡立てると、大小さまざまな気泡が不安定に乱立した状態になります。この状態で粉類を混ぜ込むと、せっかく泡立てた気泡が潰れてしまうので、高速で混ぜたあとに低速でゆっくりと混ぜることが必要です。低速であえて大きな気泡を潰して小さな気泡だけにそろえることで、キメが整った状態になり、粉類を加えても気泡が潰れにくくなります。

4. 薄力粉を加え、混ぜる

3に薄力粉を加え、ゴムべらで底から上下を返すようにして粉けがなくなるまで混ぜる。

5. ヨーグルト、レモン汁、レモンの皮を加え、混ぜる

4にAを加え、底から上下を返すようにして生地になじむまで混ぜる。

? 気泡を潰さないように混ぜるコツは？

底から上下を返すようにして混ぜる

手首から返すようにして生地を切るように混ぜてください。「切るように混ぜる」とは、ゴムべらの面を使って生地の上下を底からひっくり返すことで、細い部分で生地を切るようになぞることではありません。また、粉けがなくなったら、それ以上は混ぜないようにしましょう。混ぜる工程が続くため、気泡の減少を最小限に抑えると◎。

? ヨーグルトとレモンを加えるのはなぜ？

弾力とさわやかな風味を加えるため

卵をしっかりと泡立てた生地は、少しパサついたり、モロモロと崩れやすかったりします。ヨーグルトを加えることで生地に弾力を与え、まとまりやすくしましょう。また、レモンは、焦がしバターの重い風味を軽くしてくれる役割。口に入れたときにバターが香り、後味でレモンのさわやかさを感じると、飽きることなく食べられます。

失敗してしまうと……

[失敗例 ①]　**ふくらまない**　　原因　・卵をしっかり混ぜなかった

卵を十分に泡立てていない、卵を泡立てたあとキメが整えられていない……など、卵に空気を含ませられないと、生地はふくらみません。気泡の大きさもそろっていないため、大きな気泡が残って空洞ができることも。また、薄力粉を加えたあとに混ぜすぎてしまうと、泡立てた気泡が潰れてしまい、密度が詰まってしまいます。

（成功）（失敗）　　（成功）（失敗）

6. 焦がしバターを加え、混ぜる

5に1を加え、底から上下を返すようにして油の筋が見えなくなるまで混ぜ、さらに生地にツヤが出るまで10～20回混ぜる。

7. 170度で計40～45分焼く

6を型に流し入れ、台に2～3回落とす。170度に予熱したオーブンで10分焼き、一度取り出して米油（またはサラダ油）適量（分量外）をつけたカードで中心に5mm～1cm深さの切り込みを入れる。オーブンに戻し入れて30～35分焼き、竹串を刺して何もついてこなければ取り出す。型からはずし、ケーキクーラーに置いて冷ます。

❓ 油分をうまく混ぜるには？

底からすくい上げるようにして混ぜる

焦がしバターは生地よりも比重が重いので、すぐにボウルの底に沈んでしまいます。ゴムべらですくい上げるようにして底から混ぜ、気泡を潰さずに生地をつなぎましょう。はじめは油まみれだった生地にマットなツヤが出るまで、しっかりと混ぜてください。すくい上げると生地が帯状に流れ落ちるくらいがベストです。

❓ 型に入れるときの注意点は？

とてもゆるい生地なので流し入れるだけ

シュガーバッター（P28～31）のように、カードですくって入れたり、生地をならすときに中心をヘコませたりしなくてもOK。水分の多い生地なので、型に直接流し入れることができます。

[失敗例②]

底面にヘコみができる

原因 ・生地を混ぜすぎた

薄力粉を加えたあとに混ぜすぎると、生地に余計なコシや粘りが出ます。生地は中心に向かって対流して焼けるので、粘りの出た生地は対流と一緒に上に持ち上がってしまい、底面にヘコみができてしまいます。

[失敗例③]

油じみができる

原因 ・油分が混ざらなかった

バターを加えたあと、ツヤが出るまで混ぜていないと、生地に油じみができて、油臭くなります。油分は比重が重いため、すくい上げるようにして下から上へと混ぜ、マットなツヤ感が出るまでしっかりと混ぜてください。

ARRANGE

「パウンドケーキ(共立て)」をアレンジ

焦がしバターのコクと、レモンの酸味を効かせたパウンドケーキは、アイシングと相性抜群。好みに合わせて、2種類の方法を試してみては?

ジャムとアイシングをプラス (a)

ヨーロッパ風の薄いコーテングで
お店に負けないウィークエンドに

パウンドケーキ(P36〜39)を同様に作る。小鍋にあんずジャム100g、水30gを入れ、弱火で熱する。よく混ぜながら沸騰させ、1分ほど煮て火を止める。冷めたパウンドケーキ全体に刷毛でジャムをぬり、指でさわってもくっつかなくなるまで乾かす。別の小鍋に粉砂糖75g、レモン汁15gを入れて混ぜ、弱火で熱して30秒ほど温め、アイシングを作る。ジャムの上からアイシングを全体にかけてパレットナイフでぬり、指でさわってもくっつかなくなるまで乾かす。

▶ あんずジャムは熱いうちにぬらないと、分厚く固まってしまい、甘すぎるお菓子になってしまう
▶ あんずジャムがしっかり乾く前にアイシングをすると、アイシングとジャムが混ざって、ドロドロに溶けてしまうので注意
▶ ジャムもアイシングもパウンドケーキの中央にたまってしまうので、指や刷毛でなぞり、薄くコーティングする

ココアとアイシングをプラス (b)

ぽってりとした見た目も愛らしい、
混ぜるだけの簡単アイシング

パウンドケーキの材料内(P36)、薄力粉の分量を85gに変更。ココアパウダー10gを足し、薄力粉と合わせてふるう。あとは、同様に作る。粉砂糖75g、水15gを混ぜ合わせてアイシングを作り、スプーンですくって冷めたパウンドケーキに線を描くようにしてたらす。指でさわってもくっつかなくなるまで、そのまま乾かす。

スポンジ生地

求め続けたのは、
まるで飲みもののように口に残らず、
食べ心地のよいスポンジ

　ショートケーキは、母がいつも作ってくれていた味を思い出します。しかも「おいしかった」という記憶よりも「すごく固かった」という記憶の方が鮮明で、僕は子供心に「やっぱり家だと、お店みたいなふわふわの生地は作れないのかなぁ？」と生意気にも思っていました。でも、この道に進んで自分でお菓子を作るようになると「自分でもふわふわのスポンジ生地は作れるじゃん！」と、分かりました……。ショートケーキは日本で生まれ育ったお菓子なので、スポンジ生地も日本で独自の進化を遂げています。日本人が好む、しっとり、ふんわりとした甘い生地は、どこかカステラに似ていて、僕が勉強してきた、乾かすように焼き上げるフランス流のスポンジ生地には、見当たらないものでした。
　スポンジ生地は、おいしいことは大前提で"味を主張しすぎないもの"が最高だと思っています。なぜなら、ショートケーキになってクリームとフルーツを支えたときに、いかにケーキとしての一体感を出せるかが大切だからです。食べたときにふわっとスポンジの風味を感じるけれど、後味が口に残らず、食べ心地のよいもの……単品では目立たなくても、ケーキをしっかりと支えてくれる、縁の下の力持ちのような存在です。

スポンジケーキ

（共立て）

卵をキメ細かく泡立たせ、
粉とバターを加えたら
しっかり混ぜる！を徹底する

　スポンジをおいしく作るポイントは2つ、"卵をキメ細かく泡立てること"と"粉とバターを生地としてつながるまで、きちんと混ぜること"です。文字で読むだけだと、すごくシンプルなことと思いがちですが、どちらか一方だけができていれば良いということではなく、必ず2つとも成功していなければいけないので、一度は必ず失敗を経験してしまうほど、とても高いハードルです。ゆえに、「お菓子作りは難しい！」と思わせてしまうことも多く、"スポンジケーキ＝手作りお菓子の代表"として、お菓子作り全般に苦手意識を植えつけてしまうこともあります。

　ただ、ここでまだ諦めてはいけません。失敗してしまった人の作り方を確認すると、卵の泡立てが足りず、スポンジがふくらまなかったか、泡立てた卵の気泡を潰してしまうのを恐れて粉とバターをしっかり混ぜられず、ポソポソとした食感の固いスポンジになってしまっただけです。どちらもはじめにお伝えした、ポイントとなる工程で失敗してしまっているので、その工程を通過するときに丁寧かつ思い切りよく作業するだけでも、成功に向かって前進します。おいしいスポンジが焼けるようになれば、あとはクリームと果物を合わせるだけで、自分史上一番のショートケーキが作れます。

（共立て＝全卵に砂糖を混ぜて泡立て、生地に仕上げる製法）

スポンジケーキ（共立て）

焼き時間　170度 ／ 30〜33分

材料（直径15cmの丸型1個分）

- 卵 —— 2個
- グラニュー糖 —— 50g
- バニラシュガー（または上白糖）—— 10g
- はちみつ —— 10g
- 薄力粉 —— 60g
- A ｜ バター（食塩不使用）—— 10g
  ｜ 牛乳 —— 15g

下準備

◎ 型にオーブン用シートを敷く。
◎ 小鍋にAを入れ、湯煎（70〜80度）にかけてバターを溶かす。
◎ 薄力粉はふるう。

1. 卵と砂糖を混ぜ、さらに温めながら混ぜる

ボウルに卵を割り入れてハンドミキサー（低速）で溶きほぐし、グラニュー糖、バニラシュガー、はちみつを加えて軽く混ぜてなじませる。湯煎（70〜80度）にかけ、混ぜながら40度になるまで温める。

2. 卵液をリボン状に泡立てる

1を湯煎からはずし、ハンドミキサー（高速）で大きな円を描くようにして、リボン状（すくい上げると重なるように流れ落ちるくらい）になるまで泡立てる。

？ 型紙が倒れないようにするには？

側面→底面の順に型に入れる

型紙（オーブン用シート）は、側面は帯状、底面は丸型のものを用意しましょう。型に入れる際は、側面を先に入れてから底面を入れると、側面のシートが倒れてくるのを底面のシートが支えることで防げます。

？ 卵をほぐすのはなぜ？

キメの整った気泡にするため

卵はいきなり高速で混ぜ始めると、まだらに泡立ってしまい、キメの整った気泡が立ちにくくなってしまいます。必ず低速で溶きほぐし、卵のコシを切ってから、混ぜ始めてください。

？ 湯煎にかけるのはなぜ？

砂糖を完全に溶かし、卵を泡立ちやすくするため

温めながら混ぜることで、砂糖がダマにならずに溶けるほか、卵が泡立ちやすくなります。ただし、卵は温めすぎると、大きな気泡が立ちやすくなるので、40度になったら湯煎からはずしましょう。

「スポンジケーキ（共立て）」の動画レッスンはこちら ▶ https://youtu.be/zerNay0ZWvc

3. さらに混ぜ、キメを整える

さらにハンドミキサー（低速）で1分ほどゆっくり混ぜ、キメを整えてツヤを出す。

4. 薄力粉を加え、混ぜる

3に薄力粉を加え、ゴムべらで底から上下を返すようにして粉けがなくなるまで混ぜる。

? 泡立った卵液をさらに低速で混ぜるのはなぜ？

気泡の大きさをそろえるため

ハンドミキサー（高速）で一気に泡立てると、大小さまざまな気泡が不安定に乱立した状態になります。この状態で粉類を混ぜ込むと、せっかく泡立てた気泡が潰れてしまうので、高速で混ぜたあとに低速でゆっくりと混ぜることが必要です。低速であえて大きな気泡を潰して小さな気泡だけにそろえることで、キメが整った状態になり、粉類を加えても気泡が潰れにくくなります。

? 気泡を潰さないように混ぜるコツは？

底から上下を返すようにして混ぜる

手首から返すようにして生地を切るように混ぜてください。"切るように混ぜる"とは、ゴムべらの面を使って生地の上下を底から返すことで、細い部分で生地を切るようになぞることではありません。また、粉けがなくなったら、それ以上は混ぜないようにしましょう。混ぜる工程が続くため、気泡の減少を最小限に抑えると◎。

47

5. バターと牛乳を熱して加え、混ぜる

Aを弱火で熱し、沸騰させる。4のボウルに加え、底から上下を返すようにして油の筋が見えなくなるまで混ぜ、さらに生地にツヤが出るまで20〜30回混ぜる。

6. 生地を型に入れる

5を型に流し入れ、台に2〜3回落とす。

? どうしてバターと牛乳を沸騰させてから加えるの？

乳化させ、混ざりやすくするため

油分は水分と一緒に沸騰させると、水分と混ざり合って乳化します。乳化すると、状態が異なる材料とも混ざりやすくなるほか、生地内の気泡が潰れにくくなります。ただし油分は比重が重いので、すぐにボウルの底に沈みがち……。ゴムべらでそれをすくい上げるようにして、底からしっかりと混ぜてください。また、バターと牛乳は、ゴムべらを伝わせるようにして加えると◎。1か所に集中して加えると気泡が傷つくため、1度ゴムべらに当ててショックを分散させましょう。

? 生地を型に入れるときの注意点は？

低い位置から流し入れ、1か所に集中して入れない

生地を流し入れるときは、必ず型から近い位置で行いましょう。高い位置から流し入れると、それだけで生地内の気泡が潰れてしまい、スポンジがふくらまなくなります。また、ボウルに残った生地を集めて入れる際は、1か所に集中して入れずに、型のフチ部分に線状に垂らしてください。残った生地はカードでかき集めるときに何度もさわっているため、気泡が潰れて比重にも変化が……。よって1か所にまとめて入れてしまうと、その部分だけ火の通りが悪くなり、ヘコんだ状態で焼けてしまいます。

7. 170度で30〜33分焼く

6を170度に予熱したオーブンで30〜33分焼く。竹串を刺して何もついてこなければ取り出し、台に一度落とす。逆さにして型からはずし、ケーキクーラーに置く。粗熱がとれたら上下を元に戻し、冷ます。

？ 焼けたあと、台に落とすのはなぜ？

型の中の蒸気を一気に抜くため

型から出す前に一度台に落とすことで、型とオーブン用シートの間にたまった蒸気を一気に抜いてください。熱い蒸気がこもったままだと、生地がヘコんで潰れたり、しぼんだりすることも。また、焼き上がりの目安は"フチにシワが寄る""竹串を刺して何もついてこない""手で表面をさわると、シュワッと気泡がはじけるような音がする"などで判断できます。

失敗してしまうと……

[失敗例①] 生地がヘコむ

原因 ・卵を混ぜ足りなかった ・型からすぐに出さなかった

卵を泡立てたあと、キメを整えるまで混ぜていないと、生地の重さで下側の気泡が潰れてしまい、均等にふくらみません。また、焼き上がったあと、型からすぐに取り出さないと、熱い蒸気がこもったままになり、生地がヘコんで潰れた状態に。

[失敗例②] 生地の中央がふくらみ、ヒビ割れる

原因 ・卵を混ぜ足りなかった ・計量を間違えた

生地は焼いているとき、中心に向かって円を描くように対流しています。卵を泡立てたあと、キメを整えるまで混ぜていないと、対流が速くなって中央だけが盛り上がった状態になったり、表面がヒビ割れたりします。しっかりと混ざった生地は、対流もゆっくりなので生地も均等にふくらみます。また、計量を間違えて粉類を多く入れてしまっても、同様の失敗につながります。

[失敗例③] 大きな穴ぼこができる

原因 ・卵を混ぜ足りなかった

卵を泡立てたあと、キメを整えるまで混ぜていないと、大小の気泡が乱立したまま焼くことに……。よって上側は大きな気泡が集まり、下側は生地がギュッと詰まった状態に。

修復 デコレーションの際、シロップを分量よりも少なめにぬり、クリームをはさんだあとにしっかりなじませれば、おいしく食べられます。

[失敗例④] ふくらまず、生地が詰まる

原因 ・薄力粉を混ぜすぎた

卵の泡立ては成功しているのに、粉けがなくなっても混ぜるのをやめなかったため、生地に余計なコシが出てしまった状態。焼いてもふくらまず、ギュッと詰まった生地に。

修復 デコレーションの際、シロップを分量よりも多めにぬることで、生地がしっとりとなじみ、生地の詰まった状態が気になりません。

「スポンジケーキ」で ショートケーキを作る

スポンジケーキがきれいに焼けたら、
次はデコレーション。
クリームも丁寧にぬれば、
ワンランク上の仕上がりに。

材料（直径15cmのスポンジケーキ1個分）

スポンジケーキ —— 1個
生クリーム（乳脂肪分約40%）—— 200g
グラニュー糖 —— 12g
いちご —— 16〜20個
A｜グラニュー糖 —— 10g
　｜湯 —— 30g
キルシュ酒（好みで）—— 10g

下準備 いちごはペーパータオルでよくふき、汚れと産毛を除く。
飾り用に9個取り分け、残りはヘタを取って縦半分に切る。

作り方

1.

スポンジケーキは高さを半分に切る。

2.

ボウルにAを入れて混ぜ合わせ、冷めたら好みでキルシュ酒を加えて混ぜる。

3.

ボウルに生クリーム、グラニュー糖を入れる。ボウルの底を氷水に当てながらハンドミキサー(高速)で混ぜ、八分立て(すくうと、先端が下を向くくらい)に泡立てる。

POINT
生クリームは脂肪分約35％と約45％のものを半量ずつ合わせて使っています。2種類を混ぜることで、口当たりや風味が良くなります。

POINT
ボウルの底を氷水に当てながら泡立てると、キメの細かい、口溶けのいいクリームになります。逆に冷やさずに泡立ててしまうと、油臭くなるので注意。

4.

スポンジケーキ全体に**2**のシロップを刷毛でぬり、回転台に下側のスポンジケーキをのせる。

5.

クリームを1/4量のせてパレットナイフで平らにならし、半分に切ったいちごを並べる。残りのクリームの1/3量をのせてぬり広げ、上側のスポンジケーキをのせる。

POINT
いちごはケーキの中心には置かないこと！ カットするときに切りにくくなるほか、切ると中心からいちごが抜け落ちて、穴があいてしまうことも。また、いちごは個体差があるので、小さいものにはクリームをのせ、大きいものの高さに合わせて平らにならしましょう。

6.

残りのクリームの1/2量をスポンジにのせ、全体にぬり広げる。再度残りのクリームをすべてのせて全体にぬり広げ、飾り用のいちごをのせる。冷蔵室に入れて2時間ほど冷やし、なじませる。

POINT
クリームを全体にぬるときは、2回に分けて行いましょう。はじめにポロポロとした生地を落ち着かせてから、再度全体にぬり広げることで、見栄えよく仕上がります。また、パレットナイフはゴムべら、回転台は平皿2枚を重ねることで代用できます。

ARRANGE

「ショートケーキ」をアレンジ

コーヒーバナナショートケーキに、ベリーショートケーキ……。
華やかな2種のデコレーションケーキに、心も弾みます。

 (a)

 (b)

クリームにコーヒーをプラス (a)

バナナの甘みと
ほろ苦さがおいしくマッチ

スポンジケーキ（P46〜49）を同様に作る。デコレーションは、いちごをバナナ2本に変更（1.5cm幅の斜め切りにし、スポンジケーキの間に1/2量をはさみ、残りは飾る）し、シロップのキルシュ酒をラム酒10gに変更する。さらにクリームにはインスタントコーヒー5gを湯5gで溶いて加え、生クリーム、グラニュー糖と泡立てる。あとは同様に作る。

断面は……

生地にココアをプラス (b)

ベリーと合わせ、
ひと味違った雰囲気に

スポンジケーキの下準備（P46）で、湯煎にかけて溶かしたAにココアパウダー小さじ2と水大さじ1を混ぜてから加え、混ぜ合わせる。あとは同様に作る。デコレーションは、いちごを冷凍ベリーミックス200gに変更（スポンジケーキの間に1/2量をはさみ、残りは飾る）し、シロップのキルシュ酒をグランマルニエ10gに変更する。あとは同様に作る。

ホールは……

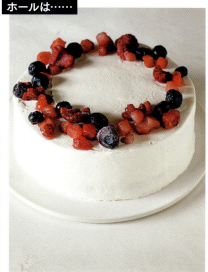

シフォン生地

口の中でシュワシュワッ、スーッと溶けるように消える、儚いおいしさが魅力

　シフォンケーキほど、レシピのバリエーションが多いお菓子はありません。しかも、どの作り方も正しくて、それぞれのおいしさがちゃんとあります。作り手の好みによって、こんな味やあんな食感と、工夫しやすいお菓子なのです。ただその反面、自分で作ったシフォンケーキが成功なのか、失敗なのか、分かりづらいといった側面もあります。どのレシピを選んで作ったかで、味わいや食感が変わるのはもちろんのこと、あるひとつの失敗例だけを見ても、レシピ本によってはそれを成功例として紹介している場合も。よって、チャレンジをしようと思っている人を作る前から困惑させてしまう……といったこともあるので、はじめから"シフォンケーキは多様性のあるお菓子"と、理解しておきましょう。

　僕の好みは、手でつかむとシュワシュワと音を立て、食べると溶けるように消えるシフォンケーキです。そして、断面はわざと大小の気泡が乱立するように作り、口の中で素材の香りをより強く味わえるようにしています。もちろん、キメがそろった断面も失敗ではありませんが、それだと味が均一に整いすぎていて、なんだか味気なく感じるのです。「整いすぎると、おいしくないの？」と、疑問に思うかもしれませんが、まずは一度、騙されたと思ってレシピ通りに作ってみてください。

シフォンケーキ
(ふわふわタイプ)

油脂と混ざっても、
すぐに潰れない
しなやかで強いメレンゲを作る

　口に入れると消えてしまいそうなくらい、やわらかなシフォンケーキが好きです。ふんわり仕上げるためには、油脂と混ざってもすぐに消えない、キメが細かくてしなやかなメレンゲが必要。強いメレンゲを作ることができれば、生地の立ち上がりが良くなり、結果として、ふわふわのシフォンケーキが焼き上がるのです。
　強いメレンゲというと、ツノがピンピンと立つような、固いメレンゲを想像する人もいるかもしれませんが、"強い＝固い"ではありません。固いメレンゲは油脂と混ざりづらいので、焼き上がったときに生地が潰れてしまったり、大きな穴があいてしまったりします。たくさん混ぜて固いメレンゲにするのではなく、すくうと先端が下を向くくらいのなめらかさを目指して欲しいのです。
　ただ、強いメレンゲを作ることに成功しても、次に待ち構えるのは、シフォンケーキ作りで最大の難所。メレンゲを潰さないように卵黄生地と合わせていく工程です。混ぜるときは、細いワイヤーがメレンゲにやさしく当たってくれる泡立て器を使用し、手早く作業をしましょう。時間が経ってしまうと、それだけでメレンゲは潰れていってしまうので、躊躇せず、大胆に作業を進めることで、ダメージを最小限にしてください。

シフォンケーキ（ふわふわタイプ）

焼き時間　180度／28〜30分

材料（直径17cmのシフォン型1個分）

卵黄 —— 4個分	**A** 薄力粉 —— 90g
きび砂糖 —— 20g	ベーキングパウダー
バニラシュガー	—— 1g（小さじ1/4）
（またはグラニュー糖）	[メレンゲ]
—— 10g	卵白 —— 4個分
水 —— 50g	グラニュー糖 —— 80g
米油（またはサラダ油）—— 30g	塩 —— ひとつまみ

下準備

◎ メレンゲ用の卵白をボウルに入れ、冷凍室に5〜10分入れてフチが少し凍るまで冷やす。
◎ Aは合わせてふるう。

1. 卵黄と砂糖を混ぜる

ボウルに卵黄を入れて泡立て器で潰し、きび砂糖、バニラシュガーを加えて混ぜる。

? 卵白を少し凍らせるのはなぜ？

キメの細かいメレンゲを作るため

卵白は冷やすことで泡立ちにくくなりますが、その分、きめが細かくて潰れづらく、ふわふわ感の持続するしっかりとした気泡のメレンゲが作れます。逆に卵白は温めると短時間で泡立ち、「メレンゲが簡単に作れた！」と誤解されがちですが、これは大小さまざまな気泡が乱立した状態。この気泡は刺激に弱く、卵黄生地と混ぜると消えてしまいます。シフォンケーキ作りには、卵黄生地と混ぜでも潰れず、焼いたときに生地を上へ上へと持ち上げてくれるメレンゲが必要です。

? 卵と砂糖はしっかり混ぜなくていい？

合わせる程度でOK

卵と砂糖は合わせる程度に混ぜることで卵の風味を強く感じることができます。また、卵黄は表面が一番固いので、まず泡立て器で潰すようにしてから砂糖を加えて混ぜてください。潰す前に砂糖を加えたり、すぐに混ぜなかったりすると、卵黄と砂糖がくっついてダマができ、ほぐしづらくなります。

「シフォンケーキ（ふわふわタイプ）」の動画レッスンはこちら ▶ https://youtu.be/WhvTCI1uS_U

2. 水と米油を温め、卵液と混ぜる

小鍋に水、米油を入れて弱火で熱し、沸騰直前まで温める。1に一気に加え、砂糖が溶けるまで混ぜ合わせる。

3. 粉類を加え、混ぜる

2にAを加え、粉けがなくなるまで混ぜる。さらに生地にとろっとした粘りとツヤが出るまで30〜40回ほど混ぜる。

❓ どうして水と米油を温めるの？

砂糖、薄力粉、メレンゲと効果的に混ぜるため

理由は3つ。まず、砂糖を一気に溶かすことで、砂糖がダマになるのを防ぎます。2つ目は次の工程で加える薄力粉にコシを出し、背の高いシフォンケーキにするため。最後に、冷たいメレンゲと混ぜたあとに、最終的な生地の温度を室温くらいにするためです。冷たい生地のまま焼いてしまうと、シフォンケーキは型が大きいので生地が焼けづらく、生焼けになってしまうほか、長時間焼くことで生地がパサついてしまいます。

❓ 粉類はしっかり混ぜていいの？

ふわふわ食感と高さを出すため、薄力粉は混ぜてコシを出す

このシフォンケーキのポイントはふわふわであること。そのためには、粉類の使用量をできる限り少なくして、パサつきを抑えることが大事。ただ、背の高いシフォンケーキを作るには柱の役割を果たす薄力粉が必要なので、最小限の薄力粉をしっかりと混ぜてコシを引き出すことで、使用量の少なさをカバーしましょう。

4. 卵白に塩、グラニュー糖を加え、混ぜる

卵白に塩を入れ、ハンドミキサー（低速）でほぐす。グラニュー糖の1/3量を加え、ハンドミキサー（高速）で大きな円を描くようにして、白く泡立ってくるまで混ぜる。

5. さらに混ぜ、メレンゲを作る

4に残りのグラニュー糖の1/2量を加え、ハンドミキサー（高速）で大きな円を描くようにして、もこもことした状態になるまで混ぜる。さらに残りのグラニュー糖を加え、すくうと先端が少し下を向くくらいまで泡立てる。

? 卵を低速でほぐしてから、高速で混ぜるのはなぜ？

キメの整った気泡にするため

卵はいきなりハンドミキサー（高速）で混ぜ始めると、まだらに泡立ってしまい、キメの整った気泡が立ちにくくなってしまいます。必ず低速で溶きほぐし、卵のコシを切ってから混ぜ始めましょう。また、卵をたくさん使う場合、卵は新しいほうが風味や香りを感じることができてオススメ！　ただし、同時にコシも強くなるので、しっかりとほぐしてください。

? グラニュー糖は卵白に一気に加えたらダメ？

数回に分けることで、ふんわり食感に

メレンゲの作り方は、少しずつグラニュー糖を加える方法と、一気にグラニュー糖を加える方法の2パターン。前者は生地がふわっとした食感になり、後者はしっとりとした食感になります。同じ素材を使っても、作り方によって仕上がりに差が出るので、お菓子の特徴や自分の好みに合わせてアレンジしても◎。

? なぜ塩を入れるの？

強いメレンゲを作るため

卵白に塩を入れると、泡立ちづらくなります。その状態の卵白をハンドミキサーで無理やり泡立てることで、すぐに消える"大きな気泡"ができるのを防ぎ、消えづらい"細かい気泡"が集まった、強いメレンゲを作れるのです。

? メレンゲを作るときの注意点は？

使用する道具が、清潔な状態か確認！

メレンゲは油分に弱いため、ボウルやハンドミキサー、泡立て器などに少しでも油分が残っていると、泡立ちづらくなります。道具は使用する前にペーパータオルなどでふき、洗い残しがないかチェックしましょう。

6. 卵黄生地にメレンゲを加え、混ぜる

3の卵黄生地にメレンゲの1/3量を加え、泡立て器でなじませるようにしてしっかりと混ぜる。さらに残りのメレンゲの1/2量を加え、生地を底からすくい上げて落とす。これをくり返し、10〜15回混ぜる。

7. 残りのメレンゲに卵黄生地を加え、混ぜる

残りのメレンゲに6を加え、生地を底からすくい上げて落とす。これをくり返し、メレンゲの筋が見えなくなるまで混ぜる。さらにゴムべらで底から返すようにして、生地にツヤが出るまで10回ほど混ぜる。

? いきなりメレンゲに卵黄生地を加えてもいいの？

ダメ。生地は必ず、やわらかい生地に固い生地を加える

メレンゲと卵黄生地。固さの違う2つの生地を混ぜ合わせるときは、やわらかい生地に固い生地の一部を入れ、生地の状態を近づけることが大事。「最初に加えるメレンゲの気泡が潰れてなくなってしまうのでは？」と、不安になるかもしれませんが、生地の状態がそろうことで、結果的に全体を混ぜる回数は少なくなり、生地を傷めずに混ぜることができます。

? メレンゲの状態をキープするには？

メレンゲを加えるたびに、2〜3回混ぜておく

メレンゲは数回に分けて卵黄生地と混ぜますが、そのつどメレンゲを必ず2〜3回混ぜてから卵黄生地と混ぜましょう。メレンゲは少し休ませるだけで気泡が潰れていくので、混ぜることで良い状態をキープできます。

? 泡立て器で混ぜたほうがいい？

オススメは泡立て器→ゴムべらの順

この工程ではメレンゲの気泡を消さずに、素早く混ぜ合わせることが重要。刺激と油脂に弱いメレンゲは、ゴムべらを当てて混ぜるより、泡立て器の細いワイヤーですくい上げて落とすほうが手早く、低刺激で混ぜることができます。ただし、最後はゴムべらで底から返すように混ぜたほうが、キメがきれいに整います。

8. 生地を型に入れる

7の1/2量をカードで型に入れ、台に1〜2回落とす。残りの生地も型に入れ、ゴムべらで中央部分をぐるっと一周ヘコませるようにして生地をならす。さらに型の内側から外側に向かって斜め（内側は低く、外側は高く）にならし、筒部分の汚れを取り除く。型のフチに親指を沿わせるようにし、型の周囲の生地を一筋ヘコませる。

9. 180度で28〜30分焼く

8を180度に予熱したオーブンで28〜30分焼き、ふくらんで裂けた割れ目にも焼き色がついたら、取り出す。ケーキクーラーに逆さに置き、冷ます。

? 型に入れるときのポイントは？

半分入れたら空気を抜き、生地は型の中心とフチをヘコませる

生地を1/2量入れたら、型ごと持ち上げて1〜2回落とし、生地をならし、型の隅々まで入れましょう。ここで少しならすことで余分な空気を抜くことができ、生地に穴があくのを防ぎます。生地をすべて入れてから型を落とすと、下側〜真ん中の空気が抜けなくなります。また、生地の中心を低く、外側を高くするようにしてならし、さらにフチに沿って一筋ヘコませるのは、焼いている途中で生地があふれ出るのを防ぐため。生地は中心から外側へ対流しているので、水平にならすとあふれ出てしまいます。

? 焼き上がりの目安は？

割れ目に焼き色がついたとき

焼けたかどうかをオーブンの扉越しに見分けたいとき、チェックするところは生地の割れ目。ここに焼き色がついていれば、火が通ったサインです。そして、ずっと見ていると気づくことですが、生地が最高潮にパンパンにふくらんだあと、少ししぼんで外側にシワが寄るタイミングも、焼き上がりの目安。一番ふくらんでいるときに取り出してしまうと、まだ中心あたりが半生状態なので注意。また、シフォンケーキは逆さに冷ますことで、重みで潰れてしまうのを防ぎます。

10. 型から取り出す

型の外側にはみ出た生地を手で内側に寄せる。型の側面に沿ってナイフを底までしっかりと差し込み、あまり上下に動かさないようにしてぐるりと一周させる。中心の筒に沿ってナイフを差し込み、上下に細かく動かしながら一周させる。筒部分を持って生地を型からはずし、型の底と生地の間にナイフを沿わせるようにして差し込む。再度筒部分を持って逆さに置き、型からはずす。

？ 失敗せずに取り出すコツは？

型にナイフをしっかり沿わせて入れるか、手でギュッと押してはずす

型からはずすときに大切なのは思い切りのよさ。ナイフを小刻みに動かすと生地を傷つけてしまうことも。一度差し込んだら、ナイフを型側に沿わせるようにして一気に動かしてください。また、ナイフを使わずに手ではずす場合は、上面→側面と生地を型から離すようにして思い切りよくギュッと押しましょう。潰れても、型からはずすと、生地は元に戻るので安心してどうぞ。

失敗してしまうと……

［失敗例①］　底がヘコむ（底上げ）

原因　・予熱が足りなかった
　　　　・メレンゲが作れていなかった

家庭用のオーブンは熱源が上側にだけついているものが多く、下側からの加熱が弱めです。結果、生地が上にばかりふくらんでしまい、底上げ状態になることも。予熱時に、天板をオーブンに入れ、温めておくことも有効です。また、メレンゲはやわらかすぎても、固すぎてもダメ。先端が下を向くくらいに泡立てないと、生地に水分がたまって蒸れ、ヘコんでしまいます。

［失敗例②］　側面がヘコみ、潰れる

原因　・メレンゲが作れていなかった
　　　　・逆さにして冷まさなかった

メレンゲがやわらかすぎた、メレンゲと卵黄生地を混ぜすぎて気泡を潰してしまった、焼いたあとすぐに逆さにせず、生地の重みで潰れてしまった……など、さまざまな原因が考えられます。

［失敗例③］　白っぽい大きな穴があいた

原因　・メレンゲと卵黄生地が
　　　　　混ざっていなかった

メレンゲを固く泡立てすぎたため、メレンゲと卵黄生地が混ざりにくくなってしまった状態。これは、2つの生地をしっかり混ぜることで改善もできますが、混ぜるのが足りないと、焼いているときに生地内のメレンゲが潰れ、穴だらけの生地に。穴はメレンゲのかたまりがあったところで、焼いて消えることで、穴のまわりが白くなってしまいます。

「もっちりシフォンケーキ」にアレンジ

ふわふわタイプのシフォンケーキとは異なる、しっとり&もっちり食感も格別!
材料や作り方を少し変えるだけで、ひと味違うおいしさを楽しめます。

材料（ 直径17cmのシフォン型1個分 ）

卵黄 —— 4個分
はちみつ —— 20g
豆乳 —— 50g
米油（またはサラダ油）—— 30g
薄力粉 —— 90g
[メレンゲ]
　卵白 —— 4個分
　上白糖 —— 60g
　塩 —— ひとつまみ

下準備

◎ メレンゲ用の卵白をボウルに入れ、冷凍室に5〜10分入れてフチが少し凍るまで冷やす。
◎ 薄力粉はふるう。

作り方

1. ボウルに卵黄を入れて泡立て器で潰し、はちみつを加えて混ぜる。

2. 小鍋に豆乳、米油を入れて弱火で熱し、沸騰直前まで温める。1に一気に加え、混ぜ合わせる。

3. 2に薄力粉を加え、粉けがなくなるまで混ぜる。さらに生地にとろっとした粘りとツヤが出るまで30〜40回ほど混ぜる。

4. 卵白に塩、上白糖を加え、ハンドミキサー（低速）でほぐす。ハンドミキサー（高速）で大きな円を描くようにして、すくうと先端が少し下を向くくらいまで泡立てる。あとはシフォンケーキの作り方**6**〜**10**（P60〜63）と同様に作る。ただし、作り方**8**〜**9**で生地を型に入れるときは流し入れ、170度に予熱したオーブンで30〜35分焼く。

ARRANGE

甘さは「はちみつと砂糖」、水分は「豆乳」に変更

はちみつと豆乳を加えることで風味を出し、しっとり&もっちりとした食感に。また、はちみつは豆乳特有の豆臭さを抑える働きも担っています。砂糖は、グラニュー糖よりもしっとりとした上白糖に。ただし、上白糖は甘さを強く感じるため、分量は少なくしています。

POINT

豆乳は温めすぎると分離し、風味も薄くなってしまいます。鍋のフチがフツフツとしてきたら火を止めましょう。

ARRANGE

メレンゲを作るとき、卵白に砂糖を一気に加える

最初に砂糖をすべて入れ、砂糖にも水分をしっかり抱き込ませたままメレンゲを作ると、さらにしっとり、もっちりとした口当たりになります。砂糖は全量を一度に加えることで泡立ちにくくなりますが、根気よく混ぜ続けましょう。キメの細かい、なめらかなメレンゲになります。

生地は直接、型に流し入れて

ふわふわタイプのシフォンケーキよりも生地の状態がゆるいので、カードですくって入れなくても大丈夫。直接流し入れてください。

ARRANGE

「シフォンケーキ」をアレンジ

「ふわふわ」＆「もっちり」。それぞれにフルーツやハーブなどの
具材をプラスして、香り豊かなシフォンケーキに。

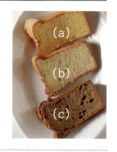

「シフォンケーキ（ふわふわタイプ）」をアレンジ

オレンジ&ローズマリーをプラス （a）

水分はオレンジの果汁に
柑橘やハーブが香る、大人味

材料（直径17cmのシフォン型1個分）

- 卵黄 —— 4個分
- グラニュー糖 —— 30g
- 米油（またはサラダ油）—— 30g
- オレンジの絞り汁 —— 50g
- オレンジの皮（すりおろし）—— 1個分
- ローズマリーの葉（みじん切り）—— 1枝分
- A │ 薄力粉 —— 90g
    │ ベーキングパウダー —— 小さじ1/4（1g）

[メレンゲ]
- 卵白 —— 4個分
- グラニュー糖 —— 70g
- 塩 —— ひとつまみ

POINT

シフォンケーキ（P58）の材料は、上記の色文字部分を変更。オレンジ果汁は甘いので、メレンゲに使うグラニュー糖は量を少し減らしています。

シフォンケーキの作り方 **1**（P58）できび砂糖とバニラシュガーをグラニュー糖に変える。さらに作り方 **2**（P59）で、米油と一緒に、オレンジの絞り汁、オレンジの皮、ローズマリーを温める。あとは同様に作る。

バナナをプラス （b）

絶妙なしっとり食感が、クセになる

シフォンケーキの材料内（P58）、水50gを30gに変更。バナナ100～120gはボウルに入れ、フォークの裏でしっかり潰してペースト状にする。シフォンケーキの作り方 **3**（P59）で粉けがなくなるまで混ぜたあと、バナナを加えてさっと混ぜ合わせる。あとは同様に作る。

「もっちりシフォンケーキ」をアレンジ

コーヒーとラムレーズンをプラス （c）

芳醇な香りが広がり、幸福感に包まれる

もっちりシフォンケーキの材料内（P65）、豆乳50gを40gに変更し、米油（またはサラダ油）30gを40gに変更。メレンゲの上白糖60gはグラニュー糖70gに変更。水20g、インスタントコーヒー大さじ2を混ぜ合わせてコーヒー液にし、ラムレーズン（P33）30gは刻む。もっちりシフォンケーキの作り方 **3**（P65）で粉けがなくなるまで混ぜたあと、コーヒー液、ラムレーズンを加えて混ぜ合わせる。作り方 **4**（P65）で卵白にグラニュー糖を加え、あとは同様に作る。

※アレンジするときの注意点

油分が多いチョコレートは、加えるとメレンゲの気泡をどんどん壊してしまい、生地内に穴があくことも。また、ココアパウダー、抹茶、きな粉を粉類に加えようとすると、水分量などの材料の配合が大きく変わるので注意。紹介しているレシピには加えないでください。

チョコレート生地

ショコラはお菓子の中で
一番気難しい存在
だからこそ、丁寧にやさしく向き合う

　お菓子を作るとき、僕は大抵「おいしくなーれ！　おいしくなーれ！」と心の中で念じていることが多いです。それは、お菓子には作り手の想いがダイレクトに反映されると、常々実感しているから。でも、チョコレート菓子を作るときは、その声掛けの内容が少し違っていて……「お願いだから、こっち向いて！　みんな仲良くしてー！」と、まるで人に話しかけるようにして、チョコレートに気を遣います。ここまで読んで「え？　そんなことまでするの？」と思った人もいるかもしれませんが、そのくらいチョコレートは気難しい存在で、チョコレート菓子だと、いつも通りに作っていても失敗することがあるのです。それは、チョコレートがちょっとした温度や混ぜ方の違いですぐに状態が変化してしまうから。例えるなら、好きな子に急に素っ気なくされたり、機嫌を損ねられたりする感じに似ています。でも、だからこそ成功すると、それはそれはうれしくて、驚くほどおいしいお菓子に出合えるのです。
　今、僕が一番好きなチョコレート菓子が2つあります。ひとつは、まるでエアインチョコレートのような軽さを味わえる"ガトーショコラ"。もうひとつは、ひと口で目が覚めるくらい濃密な"テリーヌオショコラ"です。同じチョコレート菓子でも、まるで対極にいるような2つの味を、ぜひ体感してください。

ガトーショコラ

(別立て)

ふんわり食感を実現するには、
"混ざり切る前に、次の材料を加える"
この不思議な混ぜ方が、正しいやり方

　ガトーショコラというと、濃厚で生チョコのようにねっとりとしたケーキといった印象が強いと思いますが、実は、ガトーショコラにはさまざまな食感のレシピがあります。僕が紹介する一番好きなガトーショコラは、チョコレートの中に空気を取り込んだかのように口当たりが軽く、頬張ると外側がカサッと崩れ、生地はほろっとほどけていくような不思議なおいしさが詰まったもの。定番のどっしり、なめらかなものも良いですが、僕は断然、ふんわり派です。
　作るときは、メレンゲ、チョコレート、粉を順番で混ぜ合わせていくときに、"材料が完全に混ざり切る前に次の材料を加えて混ぜる"ことがポイント。これは"材料を完全に混ぜ切ってから、次の材料を加える"ことがセオリーになっている、ほかのお菓子とは異なる特徴であり、ガトーショコラをふわふわに仕上げるためには、欠かせない工程です。もしこの工程をほかのお菓子に合わせて作ってしまうと、なんの味けも変哲もない、ぺちゃんこのガトーショコラができ上がってしまいます。お菓子作りはどんな材料を使って、何を作るかで、数えきれないほどのバリエーションがあります。ひとつのセオリーに囚われることなく、柔軟な考え方を大事にしましょう。

(別立て=卵黄と卵白を別々に泡立ててから、合わせる製法)

ガトーショコラ （別立て）

焼き時間　180度／30〜35分

材料　（直径15cmの丸型〈底が抜けるタイプ〉1個分）

チョコレート
　（製菓用・50〜60%）——— 50g
バター（食塩不使用）——— 40g
卵黄 ——— 2個分
グラニュー糖 ——— 30g
牛乳 ——— 10g

A｜薄力粉 ——— 10g
　｜ココアパウダー ——— 25g

[メレンゲ]
卵白 ——— 2個分
グラニュー糖 ——— 40g
塩 ——— ひとつまみ

1. チョコレートを湯煎で溶かす

ボウルにチョコレート、バターを入れて、湯煎（70〜80度）にかけて溶かす。湯煎からはずし、泡立て器で混ぜ合わせる。

2. 卵黄、グラニュー糖、牛乳を混ぜる

別のボウルに卵黄を入れ、泡立て器で溶きほぐす。グラニュー糖を加えて白っぽくもったりとするまで混ぜ、牛乳を加えて混ぜる。**1**のボウルに入れ、混ぜ合わせる。

? 湯煎のときに注意することは？

湯の温度は70〜80度に

チョコレートを溶かす際、湯煎の湯は沸騰させないこと！　ゆらゆらと湯気が出るくらいの温度（70〜80度）にしてください。湯煎の温度が高すぎるとチョコレートの質が変化し、分離して油が浮いてきたり、カカオ部分が固まってしまうことも。この状態になってしまうと、もうリカバリーすることができず、作り直しになってしまいます。また、混ぜるときは空気があまり入らないよう、泡立て器を立ててゆっくり混ぜるようにしましょう。

NG

湯煎ではなく、電子レンジで加熱した場合。糖分が分離して固まり、カカオも焦げてしまう。

NG

80度以上の湯煎で溶かした場合。チョコレートがかたまりのまま溶けてしまい、モロモロとした状態に。

「ガトーショコラ（別立て）」の動画レッスンはこちら ▶ https://youtu.be/DdSFuMXWJkg

下準備

◎ メレンゲ用の卵白をボウルに入れ、冷凍室に5〜10分入れてフチが少し凍るまで冷やす。
◎ 型にオーブン用シートを敷く。
◎ Aは合わせてふるう。

---

3. 卵白に塩、グラニュー糖を加え、混ぜる

メレンゲ用の卵白に塩とグラニュー糖の1/4量を入れ、ハンドミキサー（低速）でほぐす。さらにハンドミキサー（高速）で大きな円を描くようにして、もったりするまで混ぜる。

4. さらに混ぜ、メレンゲを作る

3に残りのグラニュー糖の1/3量を加え、ハンドミキサー（高速）で大きな円を描くようにして、もこもことした状態になるまで混ぜる。同様に残りのグラニュー糖を2回に分けて加え、すくうと先端が少し下を向くくらいまで泡立てる。

❓ どんなチョコレートを使えばいい？

**製菓用チョコレートを
2種類以上組み合わせて選ぶ**

製菓用のクーベルチュールチョコレートは、板チョコに比べ、口どけと風味がよいのが特徴です。ただし、商品によって風味や個性が異なるので、1種類の味に偏らないよう、カカオの原産地が違うものや、メーカーが違うものなどを2種類以上選んで使用するのがオススメ。本書で味のベースにしているのは「ヴァローナ」の「カラク（ブラックチョコレート・56%）」。なめらかな口当たりでおいしさに品があり、扱いやすいです。

❓ メレンゲはしっかり泡立てたほうがいい？

**チョコレートの状態に
近づけて泡立てを**

NG

種類の違う2つのものを混ぜ合わせるときは、状態をなるべく近づけておきましょう。ツノがツンツンと立つような固い状態では、ねっとりとしたチョコレートとなじむまでに時間がかかり、気泡が潰れてしまいます。メレンゲは先端が少し下を向くくらいに仕上げてください。

5. チョコレートにメレンゲを加え、混ぜる

2にメレンゲの1/3量を加え、泡立て器でなじませるようにしてしっかりと混ぜる。さらに残りのメレンゲの1/2量を加え、生地を底からすくい上げて落とす。これをくり返し、10回ほど混ぜる。

6. 粉類、メレンゲを加え、混ぜる

5にAを加え、ゴムベらで底から返すようにして混ぜる。粉けがまだ残っている状態で残りのメレンゲを加え、生地を底からすくい上げて落とす。これをくり返し、メレンゲの筋が見えなくなるまで混ぜる。

? メレンゲはチョコレートに一度に加えてもいい？

一度に全部はダメ。1/3量ずつ加えて混ぜる

カカオの油脂には卵白の気泡を破壊してしまう性質があり、一度に加えるとせっかく泡立てたメレンゲが消えてしまいます。まず気泡の1/3量を全体に広げてから混ぜ、固さをメレンゲに近づけてください。また、すべて混ざり切る前（マーブル状）に次の工程に移ることで、メレンゲがなるべく潰れないようにしましょう。

? 混ぜ方のコツは？

底から返すようにして混ぜる

チョコレートも粉類もボウルの底にたまりやすいので、必ず底から上下を返すようにして混ぜてください。混ぜるときはボウルを回転させながら、手首を返すようにして混ぜると、効率よく全体を混ぜることができます。

7. 生地を型に入れる

6を型に流し入れ、台に2〜3回落とし、ゴムべらで生地をならす。

8. 180度で30〜35分焼く

7を180度に予熱したオーブンで30〜35分焼き、中心に竹串を刺して何もついてこなければ取り出す。型からはずしてオーブン用シートもはずし、ケーキクーラーに置いて冷ます。

❓ しっとり食感のガトーショコラにしたい場合は？

メレンゲをしっかり混ぜる

今回紹介しているガトーショコラは、ふわふわとした食感が楽しめるタイプ。もし、しっとり濃密なガトーショコラが好みの場合は、チョコレートとメレンゲをしっかりと混ぜるだけで、食感を変えることができます。上記レシピの作り方6では、チョコレートとメレンゲを筋が見えなくなるまで混ぜますが、さらに15〜20回プラスして、しっかりと混ぜてください。混ぜ方の違いだけで、2通りの食感を楽しめます。

失敗してしまうと……

生地がヘコむ

原因 ・焼いたあと、型からすぐにはずさなかった

（成功）　　（失敗）

焼き上がったあとは、型からすぐに取り出さないとダメ。熱い蒸気がこもったままになって生地の側面がヘコみ、生地が潰れて食感も悪くなります。

テリーヌオショコラ

チョコ味の卵焼きにしたくなければ、
卵をざるでこし、
とにかく丁寧に混ぜること

　テリーヌオショコラのおいしさは、濃厚なチョコレートを焼き固めたからこそ味わえる食感のなめらかさと、とろける口溶けにあります。
　ポイントは"卵をざるでこして均一な状態にすること"と、"混ぜるときに空気を入れないこと"。卵をざるでこして余計なカラザや白身のかたまり、気泡などを除くことで、テリーヌオショコラはなめらかな食感に仕上がります。また、チョコレートと卵液を混ぜるときは、卵の筋が見えなくなってもさらに混ぜ続け、生地がツヤっと輝くまで丁寧に混ぜましょう。ここで急いで混ぜてしまうと、生地に余計な空気が入ってしまい、バキバキにヒビ割れた状態で焼き上がってしまうのです。
　実はテリーヌオショコラは、工程数は少ないですが、この本の中で1、2位を争うほど難しいお菓子です。ほぼ材料を混ぜるだけなので、単純なお菓子と思われがちですが、チョコレートの性質を理解しないで作ると、"チョコ味の卵焼き"ができ上がってしまうことも。卵焼きを回避するためにも、チョコレートには余分なものを入れない、そして混ぜ込まないように、注意してください。

テリーヌオショコラ

焼き時間　170度／20分 → 160度で15〜20分

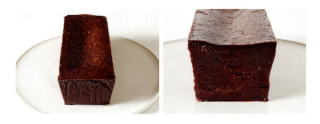

材料（16×7×高さ5.5cmのパウンド型1個分）

チョコレート（製菓用・55〜65%）──── 150g
バター（食塩不使用）──── 100g
卵 ──── 2個
グラニュー糖 ──── 50g
カソナード（またはきび砂糖）──── 15g
ココアパウダー ──── 5g

---

1. チョコレートを湯煎で溶かす

ボウルにチョコレート、バターを入れて、湯煎（70〜80度）にかけて溶かす。湯煎からはずして泡立て器で混ぜ、グラニュー糖の1/2量を加えて混ぜ合わせる。

2. 卵と砂糖を混ぜてざるでこし、温めながら混ぜる

別のボウルに卵を割り入れ、あまり泡立たないように泡立て器で溶きほぐす。残りのグラニュー糖、カソナードを加えて混ぜ合わせ、ボウルにざるを重ねてこす。湯煎（70〜80度）にかけて耐熱のゴムべらで混ぜながら、人肌よりも少し温かく感じるくらいまで温める。

？ 湯煎のときに注意することは？

湯の温度は70〜80度に

チョコレートを溶かす際、湯煎の湯は沸騰させないこと。ゆらゆらと湯気が出るくらいの温度（70〜80度）にしてください。湯煎の温度が高すぎるとチョコレートの質が変化して、分離した油が浮いてきたり、カカオ部分が固まってしまうこともあります。この状態になってしまうと、もうリカバリーすることができず、作り直しになってしまいます。

？ 卵はなぜざるでこすの？

口当たりよく仕上げるため

卵はよく溶きほぐしてからざるでこすことで、ほぐしきれなかった濃厚な卵白やカラザを取り除くほか、余計に泡立ってしまった気泡の混入を抑えることができます。このひと手間で、口溶けのいい、なめらかな生地になります。

「テリーヌオショコラ」の動画レッスンはこちら ▶ https://youtu.be/CaM9NgmKTNA

下準備

型にオーブン用シートを敷く。

POINT

チョコレートは2種類以上を混ぜると、奥深い味わいに。ココアパウダーやバターは高級品でなくてもよいので、とにかく新しいものを使うことが、テリーヌオショコラをおいしくするポイントです。

---

3. チョコレートと卵液を混ぜる

1に**2**の卵液を3〜4回に分けて加え、そのつど泡立て器で混ぜ合わせる。さらにゆっくり混ぜ、生地にツヤを出す。

4. ココアパウダーを加え、混ぜる

3にココアパウダーを加え、粉けがなくなるまで混ぜる。

? 混ぜるときのコツは?

温度をそろえ、少しずつ混ぜる

チョコレートに卵液を加えるときは、とにかく少しずつ、だましだましというような感覚で、ゆっくり混ぜ込んでください。一度に加えると分離の原因にもなり、少量ずつなじませるほうが、早く混ざります。また、2つの生地を混ぜるときに温度差があると、温めたチョコレートが卵液で冷えて引き締まり、混ざりにくくなります。余計に混ぜていらない気泡を含んでしまうことにもなるので、必ず材料の温度はそろえましょう。

? テリーヌオショコラをアレンジするには?

好みの酒を加える

ブランデーやコアントローなどの酒を15g入れると、香りもよい大人の味に。水分は生地が安定しているときに加えたほうが失敗しないので、ココアパウダーを混ぜたあとに加えて。

5. 170度で20分、160度で15〜20分湯煎焼きにする

4を型に流し入れ、台に2回ほど落とす。天板にバットを置いてペーパータオル、型の順にのせ、熱湯を深さ1〜2cmまで注ぐ。170度に予熱したオーブンで20分湯煎焼きにし、温度を160度に下げてさらに15〜20分湯煎焼きにする。竹串を刺し、生地が少しついてくる状態で取り出す。

6. 粗熱をとり、冷やす

5を型ごとケーキクーラーに置いて冷まし、表面が少しへこんだら、冷蔵室に入れて2時間ほど冷やす。

? 焼き上がりの目安は？

竹串にとろりとした生地がついてくればOK

表面が焼き固まったら、竹串を刺してみて、とろりとした生地がついてきて、穴から液体（生地）が出てこない状態になれば、焼けている証拠。竹串に生地がつかなくなるまで焼いてしまうと、固くなってしまうので注意。

? テリーヌをきれいに切り分けるコツは？

温めた包丁で切る

テリーヌオショコラは1〜1.5cm厚さに切るのがオススメ。切るときは包丁を熱湯でしっかりと温めてから、生地を少し溶かしながら一気に切りましょう。温めないで切ると、断面が引きつったような状態になってしまいます。また、テリーヌオショコラの焼き上がりは、プリンのようにゆるゆるの状態なので、オーブンから取り出すときは、あまり揺らさないように丁寧に扱ってください。

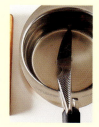

「ガトーショコラ」をアレンジ

ふわふわとしっとり、両方の食感が心地よく楽しめるガトーショコラ。
フルーツや甘栗、ナッツを加えるだけで、よりリッチな味わいに。

甘栗をプラス

ほっこり、素朴な甘みとチョコレートが好相性

ガトーショコラの作り方7（P75）で生地を型に流し入れたあと、甘栗（またはマロングラッセ）50〜100gを埋め込む。あとは同様に作る。

▶ 分量が同じであれば、ナッツ類でも同様に作れる
▶ 乾燥した甘栗やナッツは、生地の中に埋め込んでから焼く

ブルーベリーをプラス

ジューシーな甘酸っぱさが食欲を刺激する

ガトーショコラの作り方7（P75）で生地を型に流し入れたあと、ブルーベリー（冷凍でも可）50〜80gを散らす。あとは同様に作る。

▶ 分量が同じであれば、ほかのベリー類でも同様に作れる
▶ 水分の多い果物は、表面に散らしたまま焼く

スコーン生地

何十年も変わらず
作り続けている
究極の「偏愛レシピ」

　スコーンはイギリスの伝統菓子のひとつ。僕は学生のころ、現地にホームステイで訪れ、お茶の時間にスコーンを夢中で食べた思い出があります。紅茶と合わせてジャムやクリームといっしょに楽しめる、素朴なおいしさのスコーンが大好きで、大好きで……。友人から気持ち悪がられるほど、そのおいしさの虜になっていました。
　スコーンには"お菓子のように少しほろっとしたタイプ"と"パンのようにサクサクとふわふわが両立したタイプ"があります。気分に合わせて作り分けたり、配合をアレンジしたりしていますが、一番おいしいと思う作り方は、出合ったときのまま変わっていません。たまに当時のレシピノートを見ると、そのこだわりの強さとスコーンへの偏愛ぶりがすさまじく、自分で書いたものであっても、なんだか口うるさいレシピだなぁと苦笑してしまいます。でも、新しい方法や材料など、何でも試してみる僕が、スコーンのレシピだけは何十年も変わらずに溺愛し続けているので、ぜひみなさんにも一度味わって欲しいです。

ケーキスコーン

混ぜてはダメ！
切って重ねて押して固め、
ひとつの生地に仕上げる

　ケーキスコーンは"とにかく練らずに材料を混ぜ合わせる"ことが大事。ボウルの中で生地を切り混ぜたあと、切って重ねる作業をくり返しましょう。なぜなら、小麦粉を練って余計なストレスを与えると、パンのようなコシを生んでしまうのです。生地にコシが出てしまうと、しっかり焼いても生焼けのような状態になり、油じみなどもできやすい状態に。生地作りを失敗しないためには、"切り重ねる"作業をサボらずにくり返す、これに尽きます。

　うまく焼けたスコーンを表現する言い方として"狼の口"という言葉があります。これは、スコーンの側面がガバッと割れ、生地内の水蒸気やたまっていたガスが一気に抜けた印です。一般的な焼き菓子に比べ、スコーンは使用するベーキングパウダーの量が少しだけ多め。それは、スコーンがバターをたっぷり入れた重たい生地なので、ベーキングパウダーのチカラで持ち上げてもらう必要があるからです。ただし、ベーキングパウダーから生じるガスがスコーンの中に残ってしまうと、風味が悪くなってしまうことも……。その点、"狼の口"ができるのは、生地からガスがしっかりと放出されたことなので、風味豊かなスコーンに仕上がった証拠になるのです。

ケーキスコーン

焼き時間 190度 / 15〜18分

材料 （直径5cm大の抜き型7〜8個分）

A
- 薄力粉 —— 200g
- ベーキングパウダー —— 8g
- グラニュー糖 —— 40g
- バニラシュガー（またはグラニュー糖）—— 10g
- 塩 —— ひとつまみ

B
- バター（食塩不使用）—— 60g
- 卵 —— 1個
- プレーンヨーグルト —— 10g
- 生クリーム —— 50g

下準備

◎ バターは冷たいまま1cm角に切り、冷蔵室に入れて冷やす。
◎ Aを合わせてふるい、冷蔵室に入れて30分以上冷やす。
◎ Bをボウルに入れて混ぜ、冷蔵室に入れて30分以上冷やす。

1. 粉類、砂糖、塩をバターとすり合わせる

ボウルにA、バターを入れ、バターに粉類をまぶす。指の腹でバターを潰しながら粉類とすり合わせ、バターの粒が小さくなってきたら、両手で手早くすり合わせてサラサラの状態にする。

? 材料を冷やしておくのはなぜ？

バターを溶かさないため

ほろほろと崩れ落ちるような食感に仕上げるためには、バターを溶かさずに粉と混ぜ合わせることが必要。作業中に体温でバターが溶けるのをできる限り防ぐため、直前まで粉類とバター、卵液は冷やしておきましょう。ここで材料をしっかりと冷やしておくことで、おいしいスコーンが作れます。

? バターを溶かさずに作業するポイントは？

まずはバターに粉類をまぶし、コーティングする

バターが体温で溶けるため、直接バターにさわるのは厳禁。バターに粉をまぶして平たく潰し、素早くかつ丁寧に、サラサラの状態になるまですり合わせてください。バターが冷たいうちに、この作業を行えるかどうかで、食感や風味に違いが出てきます。また、この作業は、フードプロセッサーに材料をすべて入れ、撹拌してもOK。

「ケーキスコーン」の動画レッスンはこちら ▶ https://youtu.be/E6xxxGmrdwY

2. 卵液を加え、混ぜる

1の中央をあけ、Bを加える。ゴムべらで中心部分を20回ほど混ぜたら、さらに底から上下を返すようにして粉類が卵液を吸うまで混ぜる。

3. カードで切るように混ぜる

カードで切るように混ぜたら、さらに手とカードで底から上下を返すように混ぜて均一になじませ、そぼろ状にする。

❓ 粉類と卵液は一気に混ぜたらダメ？

少しずつ混ぜたほうが早く混ざる

粉類と卵液を混ぜ合わせるときは、徐々に混ぜていくほうが早く均一に混ざります。卵液がボウルを傾けても垂れてこなくなるまで、粉類と少しずつ混ぜて卵液を吸わせましょう。

❓ カードに持ち替えるのはなぜ？

切るように混ぜるため

厚手のゴムべらだと生地を余計に押し潰してしまうため、薄手のカードで切るように混ぜましょう。粉類はボウルの底にたまるので、必ず底から返すようにして混ぜてください。カードで粉をなじませるようにして切り混ぜながら、質感を均一にそろえていきます。

4. 生地を半分に切って重ねる

生地を手でぐっと押してまとめ、カードで半分に切って重ねる。これを同様に5〜6回くり返す。

5. 生地をのばす

まな板などの台に打ち粉適量（分量外）をふって生地を取り出し、めん棒で1cm厚さの長方形にのばす。

? 生地をボウルから出して作業してもいい？

汚れるため、ボウルの中のほうが効率的

生地はボウルの中でまとめることで、粉が飛び散ったり、汚れたりしません。パラパラとしていたものを上から手でギュッと押してひとつにまとめてください。こねてしまうと余計なコシや固さが出るので、"切る→重ねる→押してまとめる"をくり返して、色味やバターの粒が生地に均一に混ざるようにしましょう。

? 生地を均一にのばす方法は？

めん棒で押してから、のばす

右の写真のように、はじめにめん棒で全体を押して生地を広げると、効率よく均一の厚さにできます。のばすときは、めん棒の端を持つと力が均等にかからないので、中央に手を置いて転がしてください。のばすことで生地を圧縮し、さらに状態を均一にならします。

失敗してしまうと……　　[失敗例①] 生地が広がる　　**原因** ・バターが溶けた

（成功）　（失敗）

バターを直前まで冷やさない、バターを粉類と混ぜたときに溶かしてしまう、生地を冷蔵室で休ませない……など、スコーンを作る過程でバターが溶けると焼いているときにバターが流れ出て揚げ焼きのような状態に。生地もダレて広がってしまうので、バターは溶かさず、生地は冷蔵室でしっかり休ませてください。

6. 生地を重ね、休ませる

生地を包丁で半分に切ってから重ねる。2枚重ねたラップで包み、冷蔵室に入れて1時間休ませる。

7. 型で抜き、190度で15〜18分焼く

まな板などの台に打ち粉適量（分量外）をふって生地を取り出し、表面にも薄く打ち粉をふる。生地を抜き型で抜く。残りの生地はやさしく寄せ集めて再度型で抜き、残りはまとめる。オーブン用シートを敷いた天板に並べ、牛乳適量（分量外）を刷毛で上面に薄くぬる。190度に予熱したオーブンで15〜18分焼き、取り出してケーキクーラーにのせて粗熱をとる。

？ 生地を半分に切って重ねるのはなぜ？

きれいに、おいしく焼けるため

型で抜く際、生地を2cm厚さにのばして抜くよりも、1cm厚さの生地を2枚重ねてから抜くほうが、表面が割れずにきれいに焼け、スコーンがおいしく焼けた証拠である"狼の口"（横半分に大きく入った割れ目のこと）もできやすいです。また、焼く前に冷やすことで、焼いている途中でバターが溶けたり、油が浮いてきたりすることもありません。

？ 抜き型で抜けず、余った生地はどうするの？

寄せ集めて型で抜くか、まとめる

余った生地はやさしく寄せ集めて型で抜き、残りはまとめてください。このとき生地に余計なコシや固さが出ないよう、力を入れてまとめたり、練ったりしないようにしてください。型で抜くときはためらったり、迷ったりすると側面がボロボロになるので一気に押し抜きましょう。また、焼く直前まで生地を冷やすことで、側面がシャープに立ち上がります。

[失敗例②] 焼きムラができる

（成功）　　（失敗）

原因 ・均一に混ざっていなかった

材料をしっかり冷やせても、粉類と卵液、バターを均一に混ぜたり、すり合わせたりできていないと、焼きムラができたり、生地の表面に凹凸ができたりします。粉に卵の色味が入って生地全体がムラなく、黄色くなったか、バターの粒が生地全体に入ったかなど、生地の状態を確認しながら作ることも大事です。

ARRANGE

「スコーン」をアレンジ

バターが香る、ほんのりと甘いケーキスコーンに具材を加える、
配合を少し変え、パンのようなスコーンに仕上げる……など、
おいしさの幅はまだまだ広がります。

「ケーキスコーン」の「生地」をアレンジ

パンスコーン

材料（5×5cm大のもの7個分）

A｜薄力粉 —— 100g
　　強力粉 —— 100g
　　ベーキングパウダー
　　　　—— 5g
　　きび砂糖 —— 30g
　　塩 —— ふたつまみ

　　バター（食塩不使用）
　　　　—— 50g
B｜卵 —— 1個
　　牛乳 —— 50g
　　米油
　　（またはサラダ油）
　　　　—— 10g

作り方

1. ケーキスコーンの下準備と作り方**1〜3**（P86〜87）まで同様に作る。

2. 生地をまな板などの台に取り出してひとつにまとめ、手のひらで押してのばし、中心に向かって折りたたむ。これを表面がツルッとしてくっつかなくなるまで10〜20回くり返し、ひとつにまとめる。打ち粉適量（分量外）をふってめん棒で2cm厚さにのばし、2枚重ねたラップで包む。冷凍室に入れ、15分休ませる。

3. まな板などの台に打ち粉適量（分量外）をふって生地を取り出し、四辺の端を少しずつ切り落として四角く形を整え、6等分に切る。切り落とした生地はやさしく寄せ集め、ひとつにまとめる。あとは同様に作る。

ARRANGE
生地を台に取り出し、くっつかなくなるまでこねる

生地は台にくっつかず、ツルッとはがれるまでこねてください。指で押し、生地がゆっくりと戻ってくればOKです。こねていると体温で生地が温かくなってしまうので、冷凍室で急冷を。冷蔵室に入れてしまうと、せっかくこねた生地のコシがなくなってしまうので、冷凍室に入れてください。

ARRANGE
生地は型で抜かず、均等に切り分ける

包丁で切るとき、ノコギリのように刃を前後に動かすのはNG。断面がボロボロにならないよう、一気に押し切ってください。切り落とした生地は、ひとつに寄せてまとめましょう。ケーキスコーンと同様に、型で抜いても作れます。

「パンスコーン」に「具材」をアレンジ

コーンミールをプラス

プチプチとした食感や香ばしさが絶品

パンスコーンの作り方**2**（上記）まで同様に作る。まな板などの台に、打ち粉適量のかわりにコーンミール30gを広げ、生地をのせる。あとは同様に作る。

「ケーキスコーン」に「具材」をアレンジ

チョコレートとカレンツをプラス

2種の具材を入れ、贅沢な味わいに

チョコレートチップ30g、カレンツ30gは冷蔵室で30分以上冷やす。ケーキスコーンの作り方**3**（P87）でそぼろ状になるまで混ぜたら、チョコレートチップ、カレンツを加える。あとは同様に作る。

材料を知る

お菓子作りに欠かせない「小麦粉」「砂糖」「バター」「卵」「塩」の、それぞれが持つ役割についてお教えします。普段何気なく使っている材料の働きを理解することで、お菓子作りがもっと楽しく、もっと身近なものになります。

お菓子の柱になる

小麦粉

　小麦粉は含まれるタンパク質の量が多い順に強力粉、中力粉、薄力粉と分けられています。タンパク質の量が多いほど、生地は密度や弾力性が増すため、やわらかな食感に仕上げたいお菓子には薄力粉が最適です。

　小麦粉内のタンパク質は、水分と結びついてグルテンという物質になり、お菓子の形や食感を左右します。例えば、薄力粉を多く入れすぎたり、生地を混ぜすぎたりすると、グルテンの量が増えて生地に"固さ"や"粘り"が生まれ、焼き縮みができて形が歪んでしまったり、口溶けが悪くなったりしてしまいます。作り方の中でも「生地にツヤが出てくるまで10〜20回ほど混ぜる」など詳細を明記しているのは、生地を混ぜすぎたり、混ぜ足りなかったりすることなく、そのお菓子にとって最適の状態にするためです。

　また、小麦粉は外気のにおいや湿気を吸収しやすく、傷みやすい性質を持つため、開封したら早めに使い切りましょう。

お菓子に甘みをつける

砂糖

　お菓子のおいしさを引き出すためには、適度な甘さが必要です。「お菓子を作ったら、砂糖の量に驚いてしまった」とか「砂糖の量が多かったから減らしてしまった」という声を聞きますが、安易に増減すると失敗につながるので注意してください。同じ砂糖の量でも、生地の密度が高ければ甘く感じ、軽い食感だと控えめな甘さに感じるため、食感や口当たりも配慮したうえで砂糖の量は決めています。さらに"水分を保持してしっとりさせる""きれいな焼き色をつける""気泡が消えないように支える"など、単純に味つけだけではない、大事な役割があるため、甘みだけに気をとられていると、食感や焼き色など、さまざまなバランスが崩れてしまうことも。

　本書では、「グラニュー糖」をメインに、口当たりが良く、生地に混ざるのが早い「粉砂糖」、コクや風味が増す「きび砂糖」、香り豊かな「バニラシュガー」、やさしい味わいの「カソナード」も使用し、お菓子によって使い分けています。

> **バニラシュガー**
>
> 　市販品もありますが、バニラスティックをお菓子作りに用いたら、"さや"は捨てずに自家製のバニラシュガーを作り、再利用を。バニラスティックのさや2〜3本は干して乾燥させ、先端の固い部分を折って除き、グラニュー糖1カップ強とミキサーに入れて撹拌し、ざるでふるってください。ざるに残ったさやは、再度細かくなるまで撹拌を。
>
>

お菓子の食感をよくし、風味をつける

バター

　しっとりとした食感から、サクサクとした食感まで……。バターの使い方によってお菓子の食感は驚くほど大きく変化します。"粘土のように薄くのび、材料と材料の間に入って層を作る""空気をたくさん含んでクリーム状になり、生地をふんわりと持ち上げる""グルテンができるのを阻止し、サクサク、ほろほろとした食感を与える"など、風味をよくする以外にも重要な役割を担っています。

　本書では、主に「食塩不使用の発酵バター」を使用しています。「塩」は少量でも"塩味がつく""生地が固くなる"など、与える影響が大きいため、お菓子作りには必ず「食塩不使用」を。「発酵バター」は、強い香りとコクがあるので、好みによって使い分けてください。

　バターは空気に触れている面が酸化してくるため、保存する際はぴったりとラップやアルミホイルで包んだうえで、保存袋に入れて冷蔵保存を。

材料をつなぎ、固める

卵

　卵はほかの材料と少し異なり、味つけや風味よりも機能面で果たす役割が大きいです。例えば、"空気をたくさん取り込んで生地をふくらませる""水と油を結びつけて乳化させる""生地をしっかり固めるけど、口に入れるとほろほろ、サクサクと崩れるような食感にする"など、卵の性質を利用して、クッキーやスポンジケーキ、シフォンケーキ、テリーヌオショコラなどは、お菓子として成り立っています。

　本書では、卵はすべてM玉（全卵50g・卵黄20g・卵白30g）を使用。卵は水分としての働きもあるため、家にL玉しかなかった場合は量を調整してください。そのまま使用すると生地の水分量が多くなりすぎてしまうので注意を。また、卵はなるべく新鮮なものを使用し、さらに"室温にもどす""軽く凍らせる""湯煎で温める"など、お菓子に合わせた温度で用いることで、卵の持つチカラを最大限に発揮できます。

お菓子の味を奥深いものにする

塩

　「お菓子作りに塩？」と思う人もいるかもしれませんが、ほんの"ひとつまみ"を入れるか入れないかで、味の奥行きや幅が違ってきます。さらに少量で"小麦粉のグルテンの作用を強くし、生地に強いコシを持たせる""メレンゲの気泡を細かくする"など、生地作りにも影響を及ぼすので、使用量には注意してください。

　本書では味に深みのある、フランスの海塩の「ゲランドの塩」を使用しています。

道具を知る

基本はお手持ちのものでOKですが、「もっと上手に作りたい！」と思っている方は、ぜひ参考にしてください。道具を選ぶ際は、使い勝手を人に聞いたり、調べたりすることも必要ですが、自分の手にすっとなじんでくるような感覚も大事にしてください。

ボウル

「ステンレス製」と「ガラス製の耐熱ボウル」を使用。ステンレス製は、汚れやサビに強いのが魅力。ガラス製の耐熱ボウルは電子レンジで加熱する際に使用します。大きさは直径20〜22cmくらいのものをよく使いますが、材料の量や用途によって、サイズ違いを用意しておくと便利です。

ゴムべら

適度な"しなり"があり、持ち手部分とへら部分が一体となっているものを。一体になっていないと、溝などのすき間に材料が入り込んでしまい、手入れが大変です。また、持ったときに自分の手になじみ、しっくりとくるものを選びましょう。

カード

持ったときに自分の手になじみ、しっくりとくるものがオススメ。適度な"しなり"があると、作業しやすいです。また、曲線部分はボウルの側面に、直線部分は台などの平面で作業するときに使います。

泡立て器

ボウルと合わせて使用することが多いので、持ち手部分がすべてボウルの外に出るくらいのサイズが使いやすいです。27cmくらいのものがひとつあればお菓子作りはできますが、大・小の大きさ違いをそろえておくと便利です。

ハンドミキサー

生地を混ぜる先端部分がバルーン状の形のものを選びましょう。先端がとがった形だと生地に少ししか当たらないため、撹拌しづらいです。バルーン状は生地にたくさん当たるため、多くの量をより早く混ぜることができます。

めん棒

ある程度の重さがあるものを。自分の体重だけを生地にかけてのばそうとすると、左右のバランスに偏りが出てしまいがち……。めん棒に重さがあるほうが、力を均等に入れやすく、安定して作業することができます。

型

「パウンド型」は、パウンドケーキでは18×9×高さ6cmのもの、テリーヌオショコラでは16×7×高さ5.5cmのものを。「丸型」は、スポンジケーキでは直径15cmのもの、ガトーショコラでは、直径15cmで底が抜けるタイプ。「シフォン型」は直径17cmのものを使用しています。材質はオーブンの熱が均一に入り、生地をきれいに焼き上がる「ブリキ製」や「アルミ製」がオススメです。

ざる

ステンレス製で網状になっているものを。穴をあけただけのパンチングざるは、粉や液体がスムーズに通りづらいので、お菓子作りには使用できません。

電子スケール

お菓子作りでは、計量の正確さがとても大事。少しの計り間違いで、生地の状態に大きく差が出てきますので、必ず1g単位で計れる電子スケールを用いてください。

温度計

電子温度計は、さっと計りたいときに重宝します。50度以上のものを計る場合は、100度計を用意しましょう。温度を管理すると失敗も少なくなります。

ムラヨシマサユキ

料理研究家

製菓学校卒業後、パティスリー、カフェ、レストラン勤務を経て、パンとお菓子の教室を始める。深い探求心から考案されるレシピの数々は、シンプルで作りやすい初心者向けから、丁寧な解説が必要な料理上級者向けまで幅広く、おいしく作れると大好評。「家で作るからおいしい」をコンセプトに雑誌、書籍、テレビなどでレシピを提案するなど、活躍中。著書に『CHOCOLATE BAKE』『CHEESE BAKE』(小社刊)、『家庭のオーブンで作る食パン』(成美堂出版刊)、『ムラヨシマサユキのお菓子 くりかえし作りたい定番レシピ』(西東社刊)など。

お菓子はもっとおいしく作れます！

STAFF

撮影／邑口京一郎
デザイン／野本奈保子 (ノモグラム)
スタイリング・取材・文／中田裕子
調理アシスト／鈴木萌夏、伊藤芽衣
校閲／滄流社
編集／上野まどか

撮影協力
UTUWA

著　者　　ムラヨシマサユキ
編集人　　小田真一
発行人　　倉次辰男
発行所　　株式会社主婦と生活社
　　　　　〒104-8357 東京都中央区京橋3-5-7
　　　　　編集部　TEL03-3563-5321
　　　　　販売部　TEL03-3563-5121
　　　　　生産部　TEL03-3563-5125
　　　　　https://www.shufu.co.jp
製版所　　東京カラーフォト・プロセス株式会社
印刷所　　大日本印刷株式会社
製本所　　小泉製本株式会社

ISBN978-4-391-15213-5

落丁・乱丁の場合はお取り替えいたします。
お買い求めの書店か、小社生産部までお申し出ください。

Ⓡ本書を無断で複写複製（電子化を含む）することは、著作権法上の例外を除き、禁じられています。本書をコピーされる場合は、事前に日本複製権センター（JRRC）の許諾を受けてください。また、本書を代行業者等の第三者に依頼してスキャンやデジタル化をすることは、たとえ個人や家庭内の利用であっても一切認められておりません。

JRRC (https://jrrc.or.jp　Eメール：jrrc_info@jrrc.or.jp　TEL03-6809-1281)

©MASAYUKI MURAYOSHI 2018 Printed in Japan